AF549810

TaVe

Wahre Geschichten

um das

unbekannte Dresden

Aufgeschrieben von
Christoph Pötzsch

TAUCHAER VERLAG

WAHRE GESCHICHTEN Nr. 64

Pötzsch, Christoph:
Wahre Geschichten um das unbekannte Dresden /
Wahre Geschichten 64
2. Aufl. – [Leipzig]: Tauchaer Verlag, 2021
ISBN 978-3-89772-177-7

Satz: Tauchaer Verlag
Herstellung: Sabine Ufer Verlagsherstellung
Druck und Verarbeitung: FINIDR s.r.o.

ISBN 978-3-89772-177-7

Inhalt

Zum Geleit

Der Dresden-Mythos konzentriert sich im Ersteindruck auf die wertvollen Sammlungen und einzelne kulturhistorisch und architektonisch hervorragende Bauten innerhalb des alten Stadtkerns und entlang der Elbe. Doch das kulturgeschichtliche Erbe ist weitaus vielfältiger und reicher als es viele wissen.

Christoph Pötzsch hat in seinen Büchern und im Rahmen seiner beliebten Stadtführungen ungeahnte Schätze sowohl innerhalb der alten Stadtmauern als auch in den einstigen Vorstadt-Gemeinden neu entdeckt. Interessant und amüsant erklärt er, wie nur allzu Menschliches mit dem Atem der Geschichte verwoben ist. Unterschwellig wird der Leser dabei angeregt, seine unmittelbare Umgebung aufmerksamer und mit neuen Augen zu sehen.

Möge diese Lektüre dazu beitragen, dass abseits der touristischen Highlights Dresdens die Neugier auf immer neue Entdeckungen in dieser Stadt aufrechterhalten wird.

Herbert Wagner

Dr. Herbert Wagner
Oberbürgermeister der Landeshauptstadt Dresden
von 1990 bis 2001

Vorwort

Das unbekannte Dresden? Wie das? Eine Stadt, die mit Semperoper, Frauenkirche, Zwinger, Grünem Gewölbe und Katholischer Hofkirche weithin geschätzte Sehenswürdigkeiten hat. Eine Stadt, deren Name von Kunstkennern aller Welt mit Hochachtung und Ehrfurcht genannt wird. Unbekannt?

Jährlich bevölkern Millionen Touristen die Innenstadt. Auf dem Neumarkt und dem Schlossplatz herrscht ein geradezu babylonisches Sprachengewirr.

Und dennoch. Gerade die unvergleichlichen Bauwerke, die die Schaulustigen anziehen, bergen eine Gefahr. Man verlässt nach seiner Tour die Stadt und meint, mit Frauenkirche, Semperoper und Zwinger Dresden gesehen zu haben. Wie der Amerikaner, der die Tour »See Europe in three days« gebucht hat. Paris, Rom, Oberammergau, how lovely.

So reist der Dresdenbesucher wieder ab. Er hat die Frauenkirche und den Zwinger gesehen. Er war in der Semperoper. Woanders geht man in die »Zauberflöte« oder in »Rigoletto«. In Dresden geht man in die Semperoper.

Lassen wir ihm die Freude. Was hat er gesehen? Schon eine Menge. Aber hat er Dresden wirklich gesehen? Was verbirgt sich hinter diesen großen und berühmten Bauwerken? Oder besser, was verdecken sie?

Exemplarisch dafür steht das Titelbild dieses Büchleins. Der Dresdner Bogenschütze von Ernst Moritz Geyger wird heute als Einzeldenkmal angesehen.

Kaum bekannt ist aber, dass er Bestandteil des von der NSDAP geplanten Umbaus des Dresdner Königsufers zu einer nationalsozialistischen Versammlungsstätte war. Heldisch verkörpert der Bogenschütze gleichermaßen Verteidigung wie Angriff des Vaterlands. Die Meisterschaft des Bildhauers kann über die politische Intention nicht hinwegtäuschen. Nur wenige Meter davon entfernt erfreuen sich heute die Dresdner an den Filmnächten. Die Traversen, auf denen sie vergnügt sitzen und dem Geschehen auf der Leinwand folgen, wurden als »Forum für nationale Kundgebungen« im Dritten Reich gebaut.

Vergessene Geschichte im Schatten der alles überstrahlenden Frauenkirche. Und darum schlägt dieses Büchlein absichtsvoll Bögen um Frauenkirche, Zwinger und Semperoper. Darüber wird der Leser nichts finden. Wenn er etwas darüber wissen will, bediene er sich aus der Flut entsprechender Literatur. Vielmehr wird er in diesem Buch Geschichten finden, die sich mitunter nur einen Steinwurf entfernt von den weltberühmten Gebäuden abgespielt haben. Seltsame Schicksale, große Lebensentwürfe, bizarre Ereignisse. Spaßiges und Schreckliches. Geschichten, die drohen vergessen zu werden, wenn man sie nicht erzählt, und die eine Stadt erklärbar machen, fernab von gedruckten Hochglanz-Reiseführern.

Das Hotel »Pologne« und seine Gäste

Wo heute auf Dresdens Schlossstraße Schreibwaren verkauft werden und ein kleines Cafe um Gäste wirbt, stand früher Dresdens feinstes Hotel. Nichts weist mehr darauf hin, dass hier einst die Großen Europas abstiegen. Keine Gedenktafel zählt die Namen der Prominenten und Geistesgrößen auf, die hier nächtigten. Dieses Stück der Dresdner Schlossstraße ist heute das unscheinbarste. Dresdner Stadtführer bleiben an dieser Stelle nicht stehen. Die Straße bietet keinen Barock, allenfalls den erwartungsvollen Ausblick auf Georgentor und Kathedrale. Schnell weiter, sagt sich der Tourist, hier ist nichts, nur weiter.

Früher blieben an dieser Stelle die Dresdner stehen, um der im Hotel »Pologne« abgestiegenen Gäste ansichtig zu werden, und sei es nur für einen Blick. Fans und Schaulustige gab es auch schon vor 200 Jahren. Bevor das legendäre Hotel »Pologne« seinen Siegeszug in der Mitte des 18. Jahrhunderts antrat und die anderen Hotels ausstach, stand auf dem Ort der Schlossstraße 7 das bescheidene Müllersche Traiteurhaus, in dem traditionell die Köche der sächsischen Fürstenfamilie wohnten. In diesem Haus lebte auch Nikolaus Krell, der unglückliche Kanzler, der ob seiner Neigung zum Kalvinismus und seiner Absicht, diesen in die sächsische Politik einfließen zu lassen, darin 1591 verhaftet und nach 10jähriger Einzelhaft nur einen Steinwurf entfernt, am Jüdenhof geköpft wurde. 1751 legte man die Mauern der baufälligen Gebäude nieder. Samuel

Locke, damals einer der bekanntesten Dresdner Architekten, heute vergessen, errichtete darauf zwei Jahre später ein spätbarockes Gebäude mit eindrucksvollem Portal. Das Hotel »Pologne« war geboren und machte sich bald einen Namen. Ein für damalige Zeit beachtlicher Service und die bestechende Nähe zum Dresdner Schloss sowie zur soeben fertiggestellten Katholischen Hofkirche ließen das Haus bald für die Reisenden zur ersten Adresse werden.

Bild des alten Hotels.

Am Ostersonntag des Jahres 1789 hält eine Kutsche vor dem »Pologne«. Der blasse, schmale 33jährige Fahrgast kommt aus Wien, hat sein geliebtes Prag besucht und will weiter ins Preußische. Die Konzertreise hat sein Schüler und Mäzen, Fürst Lichnowsky, organisiert. In Berlin soll er musizieren, dort gäbe es Geld genug, ihm ein standesgemäßes Honorar zu zahlen. Dies geht in Dresden nicht.

Die Folgen des unglücklich verlaufenen Siebenjährigen Krieges sind in der sächsischen Residenz noch immer zu spüren. Leere Kassen überall, es muss gespart werden, an der Kultur zuerst. Da ist ein Konzert mit Wolfgang Amadeus Mozart nicht zu bezahlen. Aber man legt ihm einen kurfürstlichen Brief ins Hotelzimmer. Mozart will nur noch schlafen nach der anstrengenden Reise. Stattdessen muss er nun seine Reisepläne ändern. Der sächsische Hof bittet den Meister am Dienstag nach Ostern im Schloss an die Tasten. Wenn er nun schon mal da ist. Gut, bleibt er eben eine Woche in Dresden, das Konzert ist schnell gespielt, es gibt ein Honorar, wenn auch nicht üppig. Mozart wird die Gelegenheit nutzen und spielt vor dem erbetenen Konzert zunächst am Ostermontag, nachdem er die Heilige Messe in der Hofkirche besucht hat, im Hotel »Pologne« das Trio E-Dur, KV 542. Es wird die erste öffentliche Aufführung dieses Klaviertrios sein. Das »Pologne« hat mit diesem 13. April 1789 einen Adelsschlag mehr. Heute gilt dieses Stück für viele Mozartbiographen als die Krönung von Mozarts Klaviertrioschaffen. Am nächsten Tag spielt er mit der Kapelle sein Konzert für Klavier und Orchester, D-Dur, KV 537 neben dem »Pologne« im Schloss vor der sächsischen Herrscherfamilie. Da es eine der wenigen Reisen ist, die er ohne seine Frau Constanze macht, schreibt er ihr regelmäßig. Auch darüber, dass er für das Konzert vom Kurfürsten eine »scheene Dose« erhalten habe. Nicht schreibt er ihr, wieviele Dukaten sich in der Dose befunden hatten. Die sind schnell wieder weg. Mozart ist ein Meister im Einnehmen wie im Ausgeben. Aber der Dresdner Hof ist begeistert. Noch einen Tag soll er bleiben und jetzt die Orgel spielen. Aus Erfurt wird schnell der dortige Organist Johann Wilhelm Häßler heranzitiert, mit diesem soll sich Mozart messen. Man will einen Wettstreit. Wie weiland 1717 allhier in Dresden der alte Bach gegen den Franzosen Marchand. Hofft man wieder auf einen Skandal? Marchand soll damals entnervt vor dem Wettstreit abgereist sein, als er Bach hatte üben hören. Das war wochenlanges Stadtgespräch gewesen. Aber die Kontrahenten treten an. Natürlich spielt Mozart den armen Häßler an der Silbermannorgel der katholischen Hofkirche in Grund und Boden, aber er ist kein guter Sieger. Häßler sei ein Dilettant, vermerkt Mozart. Häßler habe lediglich Harmonie und Modulationen von Bach auswendig gelernt und sei noch nicht mal in der Lage, eine Fuge ordentlich auszuführen.

Am meisten leidet in dieser Woche der Dresdner Komponist und Kapellmeister Johann Gottlieb Naumann. Mit Mozart ist sein Idol gekommen. Jetzt kann er ihn kennenlernen, ihm die Hand geben, und auf Geheiß des Hofes soll und darf er ihn sogar begleiten. Stolz zeigt ihm Naumann seine Werke. Der Höhepunkt soll die von Naumann komponierte Messe sein, die er in der Hofkirche dirigiert und die er Mozart zu bewerten bittet. »Ein mittelmäßiges Werk« – so wird Mozart einen Tag später an seine Frau schreiben. Für ihn ist Naumann eher ein Stadtführer als ein Komponist. Am 18. April 1789 verlässt Mozart Dresden und das Hotel »Pologne«. Über Leipzig fährt er nach Berlin, wo er am 25. April eintrifft. Den König sieht er dort nicht. Die Konzertreise ist ein Missverständnis. Warum ist er nur nach Berlin gefahren, fragt sich Mozart? Wer hat ihn überhaupt eingeladen? Seinen Begleiter und Mäzen Lichnowsky, der die Tournee veranlasst hat, wird er nach der Fahrt verklagen. Ludwig Tieck, der später nach Dresden ziehen und wenige Meter vom Hotel

»Pologne« entfernt wohnen wird, besucht ein Konzert in Berlin und sieht im Orchestergraben »einen ihm unbekannten Mann, klein, rasch, beweglich und blöden Auges, eine unangenehme Figur im grünen Überrock.« Am 28. Mai macht sich Mozart wieder auf die Heimreise. Das in Dresden und Berlin verdiente Geld hat er längst ausgegeben. Vorauseilend schreibt er seiner Frau aus Berlin »mein liebstes Weibchen, du musst dich bey meiner Rückkunft schon mehr auf mich freuen als auf das gelde…«

Waren die Schaulustigen vor dem »Pologne« im April 1789 am genialen Mozart interessiert, so sammelten sich die Neugierigen elf Jahre später vor dem Haus mit süffisanter Miene und delikater Erwartung. Hier gab es etwas zu sehen, was man sich nicht einmal in geheimsten Träumen vorstellen durfte: Im »Pologne« steigt eine feine Dame gemeinsam mit Gemahl und Liebhaber ab. Und wenn der Gemahl den Liebhaber ohne weiteres toleriert, und letzterer noch ein berühmter Schlachtenlenker ist, so hat Dresden Gesprächsstoff für Wochen und Monate. Für zusätzlichen Reiz sorgt zudem die strikte Weigerung der sächsischen Kurfürstin, diese entsetzliche Menage a troi zu empfangen, auch wenn es Gäste von höchstem Rang und Namen sein sollten.

Die Annalen verzeichnen im Hotel »Pologne« für den 2. Oktober 1800 die Ankunft von Sir William Hamilton, dem frisch abgelösten britischen Botschafter im Königreich Neapel, seiner Gemahlin Emma und Admiral Horatio Nelson. Zu dieser Zeit hatte der Ruf von Emma Hamilton den ihres Mannes längst überstrahlt. Sie galt als eine der bekanntesten und wohl auch berüchtigtsten Salonlöwinnen Englands mit einem, wie man sich hinter vorgehaltener Hand zuflüsterte, stark ausgeprägten Liebesleben. Mit Sechzehn bekam sie ihr erstes Kind, seit

1786 lebte sie mit Sir William zusammen, der immerhin 35 Jahre älter war als sie. Gleichzeitig war sie die Geliebte seines Neffen. Diese Liaison verursachte im englischen Adel ein fürchterliches Ärgernis, so dass sich Sir William schließlich veranlasst sah, Emma 1791 zu heiraten. Ihr lockeres Leben führte sie aber weiter, mit Wissen und Duldung ihres Gemahls, der gute Miene zum bösen Spiel machte. Weiter zog sie durch Salons, präsentierte sich in Attitüden klassischer Gemälde, mehr oder weniger angezogen.

Lady Hamilton.

Goethe war von ihr ebenso hingerissen wie der englische Admiral Horatio Nelson, mit dem sie 1797 eine Affäre begann. Der Ruhm des Seebären, der später zum Helden von Trafalgar werden sollte, faszinierte sie, auch wenn beider körperlichen Erscheinungen äußerst unterschiedlich waren. Lady Hamilton groß, sinnlich, üppig, dagegen der berühmte Admiral kaum einen Meter siebzig, einarmig, einäugig. Aber ausgestattet mit der Erotik des Mächtigen, die oft den unscheinbarsten Mann zum Objekt weiblichen Begehrens werden lässt.

In Dresden sind sie eine Attraktion. Alle drei. Sie hatten Wien besucht, kamen aus Italien. Sir William war gerade als Botschafter in Neapel abgelöst und nach England zurückbeordert worden. Auf der Heimreise musste das Trio aber noch unbedingt Dresden und Hamburg besuchen. In der sächsischen Residenz will man sich malen lassen. Ein anderer als der respektable Hofmaler Johann Heinrich Schmidt kommt dafür nicht in Frage. Geld spielt keine Rolle. Schmidt porträtiert Lord Nelson und Lady Hamilton sehr schnell, sie haben nicht viel Zeit. Die wenigen freien Stunden nutzen sie, um in Dresden zu flanieren. Sie besichtigen die Gemäldegalerie, sehen sich die Hofkirche an. Das nahgelegene Hotel »Pologne« ist in diesen Tagen der Mittelpunkt Dresdens. Die Männer im Salon des »Pologne« drängen sich um die Lady, sie flirtet und parliert auf englisch, französisch, italienisch. Christian Kosegarten, Schriftsteller und Chronist seiner Zeit, folgt der Dame in diesen Tagen auf Schritt und Tritt. Vergnügt betrachtet er einige Dresdner Frauen, die, wie er schreibt, krampfhaft versuchen, die Hamilton nicht schön zu finden. Es wird ihnen nicht gelingen. Weiter der Chronist Kosegarten: »Nelson ist eine der kleinlichsten, winzigsten Figuren, welche ich in meinem Leben sah. Mit siebenzig Pfund ist er gewogen. Ein armseligeres Knochensystem und dürreres Gebäude kam mir bis jetzt nicht vor … Ich zweifle nicht an seinem hohen Geiste, aber man kann nicht ohne Verwundern den schmächtigen Körper sehen.«

Die Dresdner sind begeistert. Vor allem jubeln sie dem Admiral zu. Die große Welt in Dresden zu Gast. Zwei Tage später sind die drei sehr speziellen Gäste wieder weg. Die Bilder von Hofmaler Schmidt waren fertig. In Dresden wird der Besuch des englischen Diplomaten, seiner kapriziösen Gemahlin und des Admirals nachklingen. Immer wieder werden die Dresdner aufhorchen, wenn man aus der Ferne Neuigkeiten dieses pikanten Dreigestirns hört. Bald erfindet Lady Hamilton das bis heute nach ihr benannte Rezept für gebackene Seezunge. Sofort reagieren die Dresdner Köche und bringen das Gericht auf die Speisekarten. Ein Jahr nach dem Dresden-Besuch wird Lady Hamilton von einer Tochter entbunden. Vater des Kindes ist Lord Nelson. Zwei Jahre später stirbt ihr Ehemann. Ihr Wunsch, nun endlich von Lord Nelson geheiratet zu werden, erfüllt sich nicht. Der Admiral schlägt 1805 seine größte Schlacht. Vor Trafalgar kämpfen die Engländer unter seinem Befehl die vereinigten französischen und spanischen Flotten nieder. Die französischen Expansionsabsichten auf den Weltmeeren sind damit für allezeit vorbei. Nelson wird endgültig zur Legende, bezahlt den Sieg aber mit seinem Leben. In einem Branntweinfass wird seine Leiche konserviert nach England gebracht. Dort erhält er ein Staatsbegräbnis in der St.-Pauls-Kathedrale. Der nach der Schlacht von Trafalgar benannte Platz ist heute die Mitte Londons. Auf einer Säule, die 51 Meter hoch ist und damit genau der Länge seines

Schiffes entspricht, steht das Denkmal jenes Mannes, der im Oktober 1800 die Dresdner zu Begeisterungsstürmen hinriss.

Lord Horatio Nelson.

War das Hotel »Pologne« in den meisten Fällen für an- und durchreisende Prominenz nur Unterkunft, so nutzt das Ehepaar Johann Carl Gottfried und Wilhelmine Reichard das bekannte Haus auf der Dresdner Schlossstraße 7 im September 1811 für eine Show, die den heutigen Events an Wirksamkeit um nichts nachgestanden hätte. Für den 6. September mietet das junge Ehepaar große Räume im Hotel an und bittet Presse und die interessierte Öffentlichkeit zu einer nie dagewesenen Sensation. Man wolle dem Publikum einen Ballon zeigen, mit dem die 23jährige Wilhelmine aufsteigen will. Das Volk strömt ins »Pologne«, zahlt bereitwillig einen nicht geringen Obolus und lauscht gebannt dem Vortrag des Ehemanns der Mutigen. Dieser erläutert der staunenden Zuhörerschaft die technischen Einzelheiten, zeigt den Ballon, lässt die Kinder aus Spaß in den Korb klettern. Viele tausende Meter hoch in den Himmel würde es damit gehen. Und am 22. September solle der Start sein. Wer will, könne zusehen. Die Leute sind fasziniert vom Gedanken in die Luft zu steigen, dem angenehmen Grusel der Gefahr und vor allem von der jungen Frau, die sich diesem Risiko aussetzen will. Und schwanger soll sie auch noch sein, mit dem dritten Kind. Aber am Tag des geplanten Aufstiegs liegen dichte Wolken über dem Dresdner Elbtal. Das Spektakel kann nicht stattfinden. Auch die nächsten Tage lassen keine Wetteränderung erwarten. Johann Reichard verschiebt den Aufstieg Tag für Tag. Das Volk beginnt zu murren. Sind die Reichards vielleicht Betrüger? Immerhin hatte man im »Pologne« viel Eintrittsgeld bezahlt.

Johann Reichard beugt sich dem Druck und lässt am 29. September 1811 den Ballon füllen. Der Startplatz soll dort sein, wo sich heute der Pirnaische Platz befindet. Am nächsten Morgen ist das Wetter besonders schlecht. Es regnet und stürmt. Aber zu viele Schaulustige sind gekommen, man spricht von fast 20.000, als dass man jetzt noch absagen kann.

Man wartet bis zum Nachmittag. Das Wetter bessert sich nicht. So steigt Wilhelmine auf und ist bald in den Wolken verschwunden. Sofort merkt sie, dass das Risiko zu groß war. Der Wind ist zu stark, die Seile von minderer Qualität. In fast 7000m Höhe beginnt der Ballon zu reißen. Mehr weiß Wilhemine über dieses Abenteuer nicht. Als sie zu sich kommt, liegt sie in einem Bauernhaus bei Saupsdorf in der Nähe von Sebnitz, dort ist sie abgestürzt. Ein Wunder, dass sie überlebt hat. Viele Knochen sind gebrochen. Während Wilhelmine Reichard im Krankenhaus leidet, lädt ihr Mann das wiederum zahlende Publikum erneut ins »Pologne«. Dort zeigt er den zerissenen Ballon und erklärt, dass seine Frau die Höhe von 7000m erreicht habe. Die Zahl scheint richtig zu sein, denn sie hat kurz vor ihrer Ohnmacht noch die Höhe von 6931m notiert. Daraus ist Geld zu machen. Johann Reichard verkauft hastig zusammengeschriebene Heftchen mit dem Titel »Ausführliche Beschreibung der dritten Luftreise der Mad. Reichard« für 10 Kreuzer das Stück. Das Geschäft läuft gut im Hotel »Pologne«. Wilhelmine Reichard wird alle Verletzungen gut überstehen. Sie bringt am 10. März des folgenden Jahres eine gesunde Tochter zur Welt. Kaum ist sie gesund, steigt sie wieder in den Korb. Als das gemeinsam mit ihrem Mann gegründete Unternehmen in die roten Zahlen kommt, steigt sie mit Reklamebotschaften auf. Ihre Werbestrategie glückt. Das Unternehmen profitiert von der Ballonfahrerei. 1820 steigt sogar der österreichische Kaiser zu ihr in die Gondel. Schließlich lassen sich die Reichards in Freital nieder und führen dort ihr Unternehmen erfolgreich weiter. Wilhelmine Reichard wird acht Kindern das Leben schenken. Sie gilt bis heute als die erste Ballonfahrerin Deutschlands. Der Durchbruch für ihre Karriere begann am 6. September 1811 im Hotel »Pologne« mit der legendären Präsentation.

Wilhelmine Reichardt.

Nach den Wirren der napoleonischen Kriege taucht das Hotel »Pologne« aus dem Schweigen der schlimmen Zeit wieder auf. Als einziges öffentliches Haus der Stadt darf es 1816 Faschingsbälle abhalten, obwohl den Menschen in der Stadt eigentlich der Sinn nicht nach Karneval steht. Ab 1820 verliert das Hotel langsam seinen Ruf als erstes Haus am Platz. Andere Hotels rücken nach und machen dem ehrwürdigen »Pologne« Konkurrenz. Jetzt nehmen vorwiegend Russen und Polen hier Quartier. In der Zeit der Wanderung polnischer Flüchtlinge nach Frankreich trifft man sich im »Pologne«, singt wehmütige polnische Weisen und reist weiter. In den Auseinandersetzungen der Revolution 1848 wird das »Pologne« zum Tagungshaus politischer Zirkel. Und immerhin bezieht im April 1861 Leo Tolstoi hier seine Suite. 1869 wird im Hotel »Pologne« zum Kehraus geläutet. Die Konkurrenz der anderen

Häuser war übermächtig geworden, das Gebäude zudem stark abgenutzt. Eine Renovierung kann nicht mehr bezahlt werden. Die Sächsische Staatsbank übernimmt das Hotel und baut es völlig um. Im Feuersturm des 13. Februar 1945 wird das Gebäude rettungslos zerstört.

An der Stelle, wo Mozart sein berühmtestes Klaviertrio erstmals öffentlich aufführte, wo Tolstoi logierte, wo die erste deutsche Ballonfahrerin gefeiert wurde, wo das sensationslüsterne Dresdner Publikum einer Society-Lady und dem legendären Seehelden des 19. Jahrhunderts huldigte und viele andere Prominente ihren Eintrag ins Gästebuch des Hotels »Pologne« machten, gehen die Touristen heute an einem Schreibwarenladen vorbei.

Abschied in As-Dur

Wenn heute ein Musikstudent den Abschiedswalzer Opus 69 Nr.1 As-Dur von Frederic Chopin spielt, so hat er sich im Angesicht der gestrengen Prüfer tunlichst auf Dynamik, Phrasierung und Fingersätze zu konzentrieren. Zwar treten die Chopinschen Walzer in Brillanz und Kraft hinter die Balladen des polnischen Meisters zurück, virtuos und anspruchsvoll sind sie jedoch allemal. Der polnische Komponist hatte einstmals das Notenblatt mit einer Widmung versehen, die auch heute noch getreulich abgedruckt wird. Aber »Pour Mademoiselle Marie« scheint auf den ersten Blick wenig aussagefähig. Chopin ging nicht sparsam um mit Widmungen. Kompositionen für Klavier waren oft Auftragswerke, die ordentlich bezahlt, vom Künstler signiert und mit Widmungen für den Käufer versehen wurden. Die heute noch nachgedruckten Worte »Pour Mademoiselle Marie« auf diesem Notenblatt haben allerdings eine Geschichte, die mit Dresden eng verbunden ist. Landläufig wird dieser Walzer auch als »Abschiedswalzer« oder als »Dresdner Walzer« bezeichnet.

Am 19. September 1835 nimmt Frederic Chopin im Hotel »Gotha« Quartier, auf der Dresdner Schlossstraße. Warum er für diesen Aufenthalt gerade dieses Hotel wählt, ist nicht mehr bekannt. Bei seinen anderen Besuchen in Dresden bezieht er regelmäßig ein Zimmer im Hotel »Berlin« am Dresdner Neumarkt. Das neben dem »Gotha« gelegene feinere und teurere Hotel »Pologne« liegt jenseits seiner finanziellen Möglichkeiten. Chopin kommt aus Paris. Die Sehnsucht nach seinen Eltern hat ihn nach Deutschland kommen lassen. Zwar hat er in Paris politisches Asyl gefunden und gilt offiziell als Emigrant, aber rechtlich gesichert ist seine Situation nicht.

Seit dem erfolglosen Aufstand gegen die zaristische Fremdherrschaft 1831 wird die polnische Bevölkerung in der russischen Besatzungszone gnadenlos unterdrückt. Entweder Assimilation in der russischen Kultur, oder wenigstens in der deutschen. Wer diesem Diktum nicht folgt und auf seiner polnischen Kultur beharrt, kann es in der Heimat nicht aushalten. Mehr als 4000 Polen haben folglich ihr Land verlassen. Selbst die Bezeichnung »Polen« wird abgeschafft und durch »Weichselland« ersetzt. Bereits 1830 war Chopin aus seinem Heimatland abgereist, um der Russifizierung zu entgehen. Inzwischen hatten die Russen ihre diplomatischen Kanäle spielen lassen und allen Emigranten demonstrativ russische Pässe verordnet. Chopin hat seinen Pass in der russischen Botschaft von Paris nie abgeholt. Seine Staatsbürgerschaft war unklar. Doch die Sehnsucht nach seinen Eltern war größer als sein Sicherheitsbewusstsein. Eine Reise nach Polen verbietet sich, also verabredet man sich auf neutralem Boden. Auf der Reise zu den Eltern macht Chopin zunächst Station in Leipzig, trifft sich mit Robert

Schumann, der die Anwesenheit des polnischen Komponisten und Patrioten in der Messestadt in einem glühenden Artikel für die »Neue Musikzeitung« verewigt. Dann fährt Frederic Chopin nach Karlsbad weiter, wo die Eltern für einen Monat im Sanatorium zur Kur weilen.

In Karlsbad ist die vertraute Runde der Familie plötzlich sehr groß. Dort trifft Chopin neben seinen Eltern auch überraschend die polnische Familie Wodzinski, deren drei Söhne Chopins Vater in der französischen Sprache unterrichtet hatte. Die Wodzinski-Söhne halten Chopin in den Karlsbader Tagen in Atem und überreden ihn, auf der Rückreise nach Frankreich in Dresden Station zu machen. Sie müssten ihm unbedingt ihre Schwester Marie vorstellen, bedrängen sie den Musiker. So schreibt sich Frederic Chopin am 19. September 1835 ins Anmeldebuch des Hotels »Gotha« ein und wird wenig später der sechzehnjährigen Marie Wodzinska vorgestellt. Es ist Liebe auf den ersten Blick. In den drei Wochen seines Aufenthaltes erleben die beiden eine Romanze. Der Fünfundzwanzigjährige, aber schon Weltgewandte und die zarte, schüchterne Mädchenfrau. Keinen Schritt weicht Chopin seiner Angebeteten von der Seite. Obwohl Marie noch minderjährig ist, erlauben ihr die Eltern den einen oder anderen Ausflug mit dem Komponisten. Die beiden genießen die Zeit und ihre junge Liebe. Die Tage bis zu seiner Abreise am 3. Oktober werden für Chopin wie ein Traum bleiben. Aber er muss zurück nach Paris, Verpflichtungen warten dort, er muss unterrichten, das Publikum will seine neuesten Kompositionen hören, auch die politischen Zirkel sind ihm wichtig. Aber er versichert seiner Marie, bald wiederzukommen. Und er schreibt ihr zum Abschied einen Walzer, den Abschiedswalzer, und notiert seine Widmung: »Pour Mademoiselle Marie« aufs Notenblatt.

Noch wissen die beiden nicht, dass ihre Beziehung keine Zukunft haben wird. Es ist nur ein Abschied auf Zeit. Man will sich ja wiedersehen. Und so klingt der Abschiedswalzer auch nicht nach endgültigem Abschied. Er ist nicht melodramatisch, das Herz wird nicht zerrissen, ja, bereits jetzt spüren sie Vorfreude. Der Walzer ist melancholisch, bleibt aber immer hoffnungsvoll und in freundlichem Dur.

Ein Jahr lang wechseln Frederic Chopin und Marie Wodzinska glühende Liebesbriefe. Dann endlich, ein Jahr später, können sie sich wiedersehen. Erneut auf neutralem Boden, im Sommer 1836, verbringen sie gemeinsame Tage im böhmischen Marienbad. Heimlich verloben sie sich und gestehen es Maries Mutter. Diese nimmt den Sachverhalt mit süßsaurer Miene zur Kenntnis. Erst müsse sie sich mit ihrem Mann beraten, nur ist der gerade nicht in Marienbad. Schließlich lehnen Maries Eltern ab. Chopin ist nicht der ideale Schwiegersohn. Er ist zwar prominent, aber als Künstler ein unsicherer Kandidat. Mal hat er viel Geld, mal wenig, dazu die unklaren Verhältnisse in Polen. Und überhaupt seine Gesundheit. Immer so blass. Und ständig hustet er. Chopin schleppt Zeit seines Lebens eine Tuberkulose mit sich herum. Seinen Verweis auf ein geregeltes Einkommen durch viele Klavierschüler in Paris wischen Maries Eltern vom Tisch. Musiker und Geld. Das passt einfach nicht zusammen. Sie schütteln die Köpfe. Der Antrag wird abgelehnt. Chopin muss die Ablehnung verkraften.

Schweren Herzens macht er sich im Herbst 1836 auf die Rückreise nach Paris. Marie wird er nie wiedersehen. Das wird ihn in eine Lebenskrise stürzen. Auf dem Rückweg macht er ausgerechnet Station in

Dresden. Dort erinnert alles an sie. Wenigstens wohnt er nicht im Hotel »Gotha« auf der Schlossstraße, diesmal wieder im Hotel »Berlin« am Neumarkt. Komponierte er jetzt den Abschiedswalzer, so fiele der anders aus. Alles in Moll, traurig, finster, endgültig.

Frederick Chopin.

Zurück in Paris sucht Frederic Chopin Ablenkung, er stürzt sich ins Nachtleben und landet schließlich im Salon der berühmt-berüchtigten Marie d'Agoult, einer schillernden Person der französischen Boheme. Diese sammelt in ihren Abendgesellschaften die Reichen, Schönen und Berühmten. Chopin ist vom morbiden Charme dieses Kreises fasziniert. Frisch geschieden, zeigt sie sich mit Franz Liszt, ihrem Liebhaber, der bald Vater ihrer Tochter Cosima werden wird, die wiederum später erst Hans von Bülow und danach Richard Wagner heiraten wird. In diesem Umfeld lernt Chopin die gleichfalls skandalöse George Sand kennen, die ihn zunächst schockiert. Eine Frau, die Hosen trägt und Zigarren raucht. Die Mutter aller Feministinnen. Er verfällt ihr, sie lässt ihn Marie Wodzinska vergessen. Zehn Jahre lebt er mit der Femme fatale zusammen, kurz vor seinem Tod werden sie sich trennen.

Aber auch mit seiner letzten Liebe, der Skandalperson George Sand, fand Frederic Chopin indirekt mit Dresden Berührung. Hatte er Marie Wodzinska in Dresden kennengelernt, so floss in den Adern von George Sand wettinisches Blut. Ihr Urgroßvater war kein anderer als August der Starke.

Wo früher das am 13. Februar 1945 zerstörte Hotel »Gotha« stand, verweist heute eine Tafel an den Aufenthalt des großen Komponisten im Jahr 1835. Dass aber hier die Geburtsstunde für einen der bekanntesten Walzer von Frederic Chopin schlug, ist nur den wenigsten bekannt.

Der Dresdner Fenstersturz

Im Juni 1947 sprang ein späterer Nationalpreisträger der DDR aus dem Fenster eines der höchsten Gebäude des Dresdner Stadtteils Blasewitz. Einen dramatischen Grund für diese gefahrvolle Unternehmung gab es nicht. Er sprang einfach so, um des Effektes willen. Fenster auf und raus. Dazu noch vor staunendem Publikum. Mit einem gebrochenen Arm kam er glimpflich davon. Aber der gebrochene Arm war eine gute Investition. Er begründete eine große Karriere. Das Haus, aus dessen Fenster sich der Risikobewusste seinerzeit stürzte, ist heute eine jener zahlreichen Dresdner Sehenswürdigkeiten, die mit ihrer Geschichte nie Eingang in die frauenkirchenbebilderten Hochglanzreiseführer der sächsischen Landeshauptstadt finden werden. Allerdings ist die Villa Rothermundt für den heimatbewussten Dresdner einer der vielen unverzichtbaren Mosaiksteine der Dresdner Stadtgeschichte.

Die Villa Rothermundt ist heute nach der Heilig-Geist-Kirche das zweithöchste Gebäude von Blasewitz. Prunkvoll, mondän mit ausladender Treppe und festlichem Foyer, holzgetäfelten Decken und üppigem Garten kündet es heute noch vom Reichtum und Geschmack seines ersten Eigentümers.

Dieser Adolph Rothermundt, 1846 in St. Petersburg geboren und in einer reichen Kaufmannsfamilie aufgewachsen, hatte rasch den Geschäftserfolg des elterlichen Unternehmens fortgesetzt. Das »Handelshaus Rothermundt« war in Russland eine Institution. Neben seiner Handelstätigkeit sammelte der humanistisch Gebildete Gemälde, Kupferstiche, Aquarelle. Bedeutende Werke kamen nach und nach in seinen Besitz, Bilder von Menzel, Courbet, Liebermann, Slevogt, Corinth. Nicht zuletzt auch ein Bild von van Gogh war in seiner Sammlung vertreten.

Adolf Rothermundt.

Zu seinem 50. Geburtstag konnte sich der erfolgreiche Geschäftsmann das schönste Geburtstagsgeschenk machen. Er versetzte sich in den Ruhestand, um künftig als Privatier nur noch den schönen Dingen nachzugehen. Vor allem sammeln wollte er, seine Bilder zeigen, mit anderen Kunstfreunden parlieren, Musik hören und jungen Künstlern helfen. Geld war im Überfluss vorhanden. Und er wollte weg aus Russland, zurück ins Land seiner Vorväter. Seine Eltern wohnen bereits wieder in Dresden. Die sächsische Residenz war zu dieser Zeit ohnehin mit internationalem Flair versehen. Um den heutigen Hauptbahnhof herum gab es funktionierende Wohngebiete von Amerikanern, Engländern, Schotten und Russen. Alle hatten ihre eigenen Läden, ihre eigenen Anwälte, Notare und Zahnärzte, eigene Clubs und eigene Kirchen. Adolph Rothermundt kam in eine multikulturell funktionierende Stadt. Die Umsiedlung von St. Petersburg nach Dresden bereitete ihm kaum Schwierigkeiten.

Die Villa Rothermundt.

Für sein künftiges Haus sucht er einen Architekten, der seine exzentrischen Wünsche aufnimmt. Ihn findet er in Emil Scherz, der mit seinen Bauten Blasewitz nachhaltig prägen wird. Alle möglichen Extras lässt sich Rothermundt in seine Villa einbauen. Elektrisches Licht sowieso, eine zentrale Warmwasseranlage, im Garten eine Kegelbahn und einen Tennisplatz. In die Holzintarsien und Umrahmungen der Kamine lässt Rothermundt seine Initialen AR einschnitzen, im gleichen verschlungenen Schriftgrad wie es weiland August der Starke als Augustus Rex mit seinen Anfangsbuchstaben tun ließ.

Schon nach kurzer Zeit hat es sich in Blasewitz herumgesprochen, dass die Villa Rothermundt etwas Besonderes ist. Das Haus steht offen für Teestunden, es finden Konzerte statt. Der Maler Max Liebermann geht ein und aus. Aber die bis dahin tadellose Vermögenslage Adolph Rothermundts verfinstert sich zusehends. Aus Russland kommen 1918 seine Verwandten nach Dresden. Sie fliehen vor dem Schrecken der Großen Sozialistischen Oktoberrevolution. Adolph Rothermundt nimmt sie bereitwillig auf, stößt aber zusehends an seine finanziellen Grenzen. Zudem verliert sein Geld schnell den Wert, die Inflation ist seit 1918 gnadenlos. Jetzt ist er gezwungen, doch ab und an ein Bild zu verkaufen. Allerdings sperrt sich der neugegründete Freistaat gegen den Verkauf der wertvollsten Bilder ins Ausland und verweist auf die »Verordnung zum Schutz von nationalem Kulturgut«. Doch für Rothermundt kommt ein Verkauf der Bilder gegen Reichsmark nicht in Frage. Was nützt ihm bei der Inflation ein Sack Geld, der am nächsten Tag nur noch die Hälfte des Wertes hat? Er will diese Bilder nur gegen harte Währung verkaufen. Ein Rechtsstreit bahnt sich an, Rothermundt hat nach formaler

Rechtslage schlechte Karten. Schließlich akzeptiert er zähneknirschend einen Vergleich, schenkt der Dresdner Gemäldegalerie zwei Bilder von Liebermann und erkauft sich damit das Recht zum Verkauf des Restes ins Ausland. Am Ende seines Lebens sind alle Bilder weg, und seine Erben verkaufen nach seinem Tod die Villa an die Stadt.

Zunächst zieht die Hitlerjugend ein und macht aus dem Haus ein Schulungszentrum. Für kurze Zeit werden dann in der Villa Rothermundt Kindergärtnerinnen ausgebildet. Den Bombenangriff des 13. Februars 1945 übersteht Blasewitz fast unbeschadet. Die Bombenlast ergießt sich nahezu ausschließlich über das Stadtzentrum. Nur einige wenige Sprengbomben verirren sich nach Blasewitz. Die Villa Rothermundt bleibt unbeschädigt. Nach Kriegsende sucht man Ersatz für das in der Innenstadt zerstörte Konservatorium und findet diesen in der markanten Blasewitzer Villa. Die in der Nähe wohnenden Musiker helfen mit Noten aus. Wie aus Zauberhand taucht plötzlich ein erstklassiger Bösendorfer-Flügel auf. Keiner weiß im Nachkriegsdurcheinander, woher er kommt. Ist es der seit 1945 verschollene Flügel aus der ebenfalls in Blasewitz gelegenen Villa »Fliederhof«, auf dem bereits Sergej Rachmaninow gespielt hatte? Bereits am 15. Juni 1945 eröffnet das Konservatorium auf der Mendelssohnallee 34. Kurze Zeit später wird es unter Mitwirkung der sowjetischen Besatzer zur »Akademie für Musik und Theater«.

Als Intendant für das Dresdner Staatstheater hat man inzwischen eine Ikone der deutschen Schauspielkunst gewinnen können. Erich Ponto, der geniale Professor Schnauz aus der »Feuerzangenbowle« hat dieses Amt übernommen und pendelt nun regelmäßig zwischen den Spielstätten in der

Stadt und der Villa Rothermundt, wo der Nachwuchs ausgebildet wird und Bewerber geprüft werden. Ponto hat ein untrügliches Gespür für Talente. Einem Bühnenmaler des Dresdner Theaters hatte er bereits privaten Schauspielunterricht gegeben und ihm empfohlen, trotz seines sächsischen Dialekts eine Karriere anzugehen. Dieser Gert Fröbe, der gebürtige Zwickauer, wird es später sogar in Hollywood zu Erfolgen bringen.

Erich Ponto.

Im Juni 1947, es sind Pontos letzte Wochen in Dresden, sitzt er mit anderen Juroren wieder in der Mendelssohnallee 34 und lässt einen Bewerber nach dem anderen vorsprechen. Der 23jährige ehemalige Luftwaffenhelfer Rolf Ludwig ist sich der Bedeutung bewusst, vom großen Charakterschauspieler Erich Ponto geprüft zu werden. Ludwig spricht seine gelernte Rolle und soll danach Situationen improvisieren. Ponto gibt ihm auf, ohne Einsatz der menschlichen Stimme einen Mann zu mimen, der unvermutet durch einen Brief eine schlechte Nachricht erhält. Rolf Ludwig will alles geben und die gespielten Emotionen bis zum Exzess zeigen: Das ist nicht nur ein Brief mit einer schlechten Nachricht. Das ist die Hölle, das ist der Tod. Diese unvergessliche Szene hält Rolf Ludwig in seinen Lebenserinnerungen fest:

»… Ich lese also meinen Brief durch – einer der Herren in der Stuhlreihe wechselt den Beinüberschlag – nicht beirren lassen, Rolf, denke ich, bloß nicht zu dicke werden! Du musst jetzt den Ausdruck verändern, steigern. Die Pupille wird weiter, die Hand mit dem Papier beginnt zu zittern, wackeln. Wanke ich zum Fenster, will ich mich festhalten? Nee, das ist zu wenig. Ich ringe nach Luft, ich ersticke, ich brauche Luft. Den Fenstergriff drehe ich zittrig herum, öffne die großen Fensterflügel … atme tief durch. Quatsch, das reicht noch nicht! Ich hebe meinen Arm vor die Augen, weil mich die Sonne blendet, taumele in den Raum zurück, um Anlauf zu nehmen. Es sind ja nur eins zwanzig Höhe. Jetzt aufs Ganze, jetzt setze ich meinem Leben ein Ende. Drei, vier große Schritte, und ich hechte kopfüber aus dem Fenster …

Hinterm Haus aber hat das Gelände ein starkes Gefälle! Ich schreie auf. Gerade kommt eine bildhübsche junge Dame herunter, Eva Ander, später eine hinreißende Pianistin. Sie will mir aufhelfen, da beugt sich oben Erich Ponto zum Fenster heraus und ruft schnarrend: AUF-GE-NOMMEN!«

Rolf Ludwig als Soldat in »Das Feuerzeug«.

Mit diesem Fenstersturz von Dresden beginnt die große Schauspielerlaufbahn von Rolf Ludwig. Aber für Erich Ponto wird es der Abschied von der Villa Rothermundt und von Dresden werden. Die Politisierung der Kunst in der sowjetischen Besatzungszone ist nichts für den bürgerlichen Mimen. Er fühlt sich zunehmend unfrei, verlässt Dresden und geht ans Stuttgarter Theater. Aber in Dresden wird Ponto immer verehrt werden. Auch nach seinem Tod 1957 gerät er nicht in Vergessenheit. Als nach fünfzigjähriger Liegezeit sein Grab auf dem

Hamburger Waldfriedhof aufgelöst werden soll, meldet sich die Dresdner Stadtverwaltung. Man holt die Urne nach Dresden und bettet sie 2007 auf dem Dresdner Urnenhain zur ewigen Ruhe, nicht weit von den Gräbern des Schauspielers Wolfgang Dehler, des Kammersängers Christian Pötzsch und des Zirkusdirektors Hans Stosch-Sarrasani. Theaterleute, auch im Tod vereint.

Im Juni 1965 wird die Villa Rothermundt zur Spezialschule für Musik ernannt und nach der friedlichen Revolution zum »Sächsischen Landesgymnasium für Musik«. Im Sinne des ersten Eigentümers, Adolph Rothermundt, wird in diesem Haus nun ständig musiziert. Und regelmäßig finden im Februar Aufnahmeprüfungen statt. Aus dem Fenster ist aber niemand mehr gesprungen.

Denkmal für einen Dieb

Basel, 28. Januar 1572. Ein alter bärtiger Mann sitzt am Bett seiner Frau. Sie ist sehr krank, und er weiß, dass sie nicht mehr gesund werden wird. Langsam, über Wochen hinweg, hatte sie schon gespürt, wie allmählich die Kräfte aus ihr weichen. Nun kann sie nicht mehr aufstehen, ist aber bei klarem Verstande, unterhält sich mit ihrem Mann. Er pflegt sie, er wäscht sie, die Köchin bringt das Abendessen. Thomas Platter schickt das Hausmädchen zur Ruhe. Das Haus ist geputzt. Im Hause Platter herrschen Ordnung und Wohlstand. Er füttert seine Frau. Mehr kann er nicht für sie tun. Und irgendwann sind alle Gesprächsthemen aufgebraucht. Nun soll er ihr aus seiner abenteuerlichen Jugendzeit erzählen, von seinen weiten Reisen bis hin ins ferne Deutschland. Sie kennt die Geschichten, aber sie sind immer wieder interessant. Beider Sohn Felix hatte schon oft darauf gedrängt, dass der Vater sein Leben aufschreibt. Am Sterbebett seiner Frau beginnt Platter seine Niederschrift: »Die will du, lieber sun Felix, nun ettlich mall an mich begärt hast, des glichen ouch andre verriempte und glerte menner, die vor ettlich iaren in ir iugent mine discipuli gsin sind, ich sölle von iugent uff min läben beschriben, dan du wie ouch sy manchmall von mier gehört habend, in was grosser armut von mutter lyb an, demnach in wie vill grosser gferden ich offt bin gsin mins lybs un läbens.«

Was der 72jährige Thomas Platter im Winter innerhalb von nur 14 Tagen am Bett seiner kranken

Frau diktiert, ist heute eine historische und sprachliche Kostbarkeit, eine der wenigen Originalschriften der damaligen Zeit, die aus berufener Feder Auskunft über das alltägliche Leben in der Schweiz des 16. Jahrhunderts geben.

THOMAS PLATTER.

Thomas Platter wird am 10. Februar 1499 im heutigen Wallis geboren. Er arbeitet als Hirtenjunge, fällt aber bald durch seinen aufgeweckten Geist auf. Die Eltern bringen ihn zu einem Priester, der ihn Latein lehren soll. Doch dem Priester gebricht es an pädagogischen Fähigkeiten. Dafür verprügelt er den jungen Thomas regelmäßig. Eines Tages steht ein Verwandter vor der Tür, nicht viel älter als Thomas Platter selbst. »Mins alten großvatters suns sun. Dem hatten mine frind von mier gesagt; verhieß inen, er wolt mich mit im nehmen und in Tütschland der schull nach fieren. Do ich das vernam, fiell ich uff mine knüw und bad gott den almechtigen, das er mier von dem pfaffen hulfe, der mier schier gar nütz lart und aber jämerlich übell schlug«. Thomas Platter zieht nun mit Gleichaltrigen durch den Norden der Schweiz, besucht Zürich, lernt Ulm und »Minchen im Peierland« kennen, zieht weiter nach Thüringen, bis nach Breslau.

Aufmerksam nimmt er die vorreformatorische Situation in den deutschen Landen wahr. Aber es ist hart, sich auf einer Reise als 14jähriger mit Altersgenossen den Unterhalt zu sichern. Manchmal kann er mit seiner schönen Gesangsstimme ein paar Münzen verdienen, meistens aber vagabundieren sie, stehlen oder lassen sich von mitleidigen Witwen einladen. Für seine Reisegefährten sind die Jahre in Deutschland pures Abenteuer. Thomas Platter nimmt dagegen alle Eindrücke in sich auf und holt sich seine Bildung aus Gesprächen und unterwegs gehörten Predigten. Er kehrt zurück nach Zürich, lernt autodidaktisch Latein, Griechisch und Hebräisch, verdingt sich als Hauslehrer und durchbricht damit als einer der ganz wenigen seiner Zeit die eigentlich feststehenden sozialen Standesschranken.

1526 hört er den alten Zwingli wie auch Johannes Eck in der Disputation zu Baden. Er ist tief berührt von dieser neuen Theologie. Unter dem Eindruck Zwinglis konvertiert er zur Reformierten Kirche. Schließlich wird Thomas Platter 1529 Professor für Hebräisch und Latein an der Universität zu Basel, nebenbei baut er sich einen Verlag mit Druckerei auf und verbreitet so seine theologischen Schriften wie auch die seiner Zeitgenossen. Mit Erasmus von Rotterdam steht er in regelmäßigem Kontakt. Schließlich widmet er sich nur noch der Wissenschaft, inzwischen ist er Rektor des von ihm neustrukturierten Gymnasiums. Er verpachtet seinen Verlag und kauft sich im heutigen Baseler Stadtteil

Gundelfingen ein kleines Schlösschen. Am Ende seines Lebens ist er einer der prominentesten Bürger Basels. Als er nach 40jährigem Schuldienst seinen Ruhestand antritt, setzt man ihm eine hohe lebenslange Pension aus.

Gänsediebbrunnen in der Weißen Gasse.

All das schreibt er im Winter 1572 am Krankenbett seiner Frau in heute gut lesbarem Frühhochdeutsch nieder. Er liest ihr das dicke Manuskript

vor. Sie stellt fest, dass etwas fehlt, nämlich die Geschichte mit den Gänsen, die ihr immer so gefallen hat. Also trägt Thomas Platter das vergnügliche Erlebnis nach, das er auf seiner Reise als Knabe in Deutschland hatte:
»Von dannen zugen unser 8 wider hinweg uff Träsen* zu; kamen wider, das wier aber grossen hunger litten. Da wurden wier rättig**, uns ein tag zu teillen: ettlich sollten umb gens sächen***, ettlich umb ruben und ziblen, einer umb hafer. In der nacht horten wier etzwas schnättern zwo gens, ich hab gens werfen, nämen und enweg tragen.«

Der spätere Humanist, ehrbare Rektor und Professor der Universität war in seiner Jugend ein Gänsedieb. Diese Geschichte wie auch der Name Thomas Platters sind heute aus der Dresdner Stadtgeschichte verschwunden. Die Touristen laufen auf der Weißen Gasse am Gänsediebbrunnen vorbei. Robert Dietz, der 1880 diesen launigen Denkmalsbrunnen schuf, kannte die Geschichte von Thomas Platter und seinem Diebstahl. Das Motiv des Gänsediebs wurde ein Lieblingsthema von Robert Dietz. In mehreren deutschen Städten stehen Gänsediebbrunnen.

Seine letzte Ruhestätte findet der Gänsedieb und große Humanist im Kreuzgang des Baseler Münsters. Durch Basel führt heute ein Thomas-Platter-Rundweg, der alle historischen Orte, die zum Schweizer Humanisten einen Bezug haben, berührt. Schautafeln informieren über sein Leben. Über den schnöden Geflügelraub wie auch über das Denkmal, das man 300 Jahre nach seinem Tod in Dresden aufgestellt hat, findet man dort aber nichts.

** Dresden, ** beschlossen wir, *** suchen*

Die Apothekenecke

Der sozialistische Neuaufbau nach der Kriegszerstörung der Innenstadt hat am Dresdner Altmarkt maßvolle Beliebigkeit hinterlassen. Die Wohnungsbauten der 50er Jahre atmen an diesem Ort noch leichte bürgerliche Restwerte, nicht aus bewusster Besinnung, eher aus dem sozialistischen Pathos, Paläste für die Arbeiter bauen zu wollen. Arkaden nehmen den Geist früherer Kolonadenwege auf, Dachreiter und ein vereinfachtes Mansarddach lassen barocke Anklänge erkennen. Die Dresdner haben längst Frieden gemacht mit der Altmarktarchitektur. Die unsäglichen Plattenbauten späterer Jahrzehnte lassen beide Häuserzeilen an der Ost- und Westseite des Altmarkts schon fast schön erscheinen.

Das Eckgebäude an der Westseite des Altmarkts zur Wilsdruffer Straße hin beherbergte seit seinem Neubau im Jahr 1953 immer Verkaufseinrichtungen. Hier standen die DDR-Bürger stundenlang nach Schrankwänden an, die sie in der Regel kauften, ohne sie vorher gesehen zu haben. Nach der Wende wurden hier Restposten verramscht. Die einzige Sehenswürdigkeit zu DDR-Zeiten in diesem Bau, ein Springbrunnen, um den sich eine großzügige Freitreppe wand, ist verschwunden und nur noch in den Erinnerungen älterer Dresdner vorhanden. Dennoch birgt dieser Ort eine facettenreiche Geschichte.

Im hohen Mittelalter kreuzten sich hier die Wilsche und die Elbgasse und bildeten den Eingang zum Markttreiben. Seit alters her boten an diesem Ort die Vogelhändler ihre singende Ware feil, so dass man bald von der Vogelecke sprach. Ein freudvolles Wollen stand hinter dem Handel mit Singvögeln keineswegs, sie wurden nicht als zwitschernde Zimmergenossen verkauft, sondern handfest zum Verzehr. Lerchen, Pirole, Amseln waren mit Netzen und Leimruten leicht zu fangen und bedurften keiner langen Aufzucht und Fütterung. So gingen an der Vogelecke über Jahrzehnte unzählige Singvögel über die gezimmerten Ladentheken. Die Vögel wurden mit Kräutern paniert und gebacken, gebraten oder zu Pasteten verarbeitet. In den Mittelmeerländern kann man heute noch gebratene Drosseln bestellen. In Sachsen machte damit König Albert Schluss. Das gewachsene Bewusstsein für den Tierschutz ließ ihn 1876 die Singvogeljagd und den Verzehr verbieten. In Leipzig reagierte man sofort und mit Süffisanz, mit dem bis heute spürbaren Widerstand gegen alles, was da an Befehlen aus Dresden kommt. Die Leipziger Bäcker kreierten ein Gebäck, rund, mit nach innen geklappten Teigtaschen, das verdächtig nach bratfertigen Singvögeln aussah. Unter dem Begriff »Leipziger Lerchen« ist das Gebäck noch heute im Handel. In Leipzig natürlich. Undenkbar, dass sich eine Dresdner Konditorei, gleich hier am Altmarkt, vielleicht Kreuzkamm, Leipziger Lerchen ins Schaufenster stellt. Dresdner Lerchen, das ginge vielleicht, aber ausgerechnet Leipziger? Alte gepflegte Aversionen.

Nach dem großen Stadtbrand von 1491 entsteht an der Vogelecke ein erster repräsentativer Bau mit einem markanten Erker. Die Vogelhändler mussten weichen. 1637 zieht in das Eckhaus ein Jodokus Müller und erhält die Konzession für eine Apotheke. Schon damals setzte man auf Namenstradition. Unter »Privileg Vogeloffizin« dreht der Inhaber mit seinen Gesellen hier Pillen und mixt Pülverchen.

Historische Ansicht der Apothekenecke am Dresdner Altmarkt.

Wieder brennt die Gebäudefront ab, 1707, und der Dresdner Rat wie auch Kurfürst August nehmen Anlass, die Stadt nach neuem Zeitgeschmack zu bebauen. Mansarddächer und Dachreiter. Ratsbaumeister Johann Fehre, Vater des späteren Frauenkirchenbaumeisters, errichtet 1740 an der Vogelecke ein markantes Eckhaus, erneut mit einem

Erker, diesmal barock. Wieder zieht eine Apotheke ein, diesmal »Löwenoffizin«. Brachte der neue Apotheker das Wappentier mit? Die Gründe für die Umbenennung von Vogel- in Löwenapotheke liegen heute im Dunkeln.

Im Herbst 1808 erhält das kleine Dachstübchen über der Löwenapotheke einen neuen Mieter. Einen Preußen. Heinrich von Kleist, durch die napoleonischen Wirren getrieben, hatte bereits einige Zeit in Dresden gewohnt, in der Rampischen Gasse. Zwei Jahre wird er in Dresden bleiben. Zur Ruhe, die er bitter nötig hat, wird er nicht kommen. Wenige Monate vorher ist er als preußischer Beamter auf dem Rückweg von Königsberg gewesen, als ihn französische Truppen verhaften und vorsorglich in der Champagne internieren. Als Kriegsgefangener schreibt er die lüsterne Novelle von der schwangeren Marquise von O. und bringt den Text mit nach Dresden. Hier genießt er die intellektuellen Teestunden im Hause Christian Gottfried Körners, hier hat er große Pläne, hier gibt er eine literarische Monatsschrift heraus, die nach wenigen Ausgaben kaum jemand noch liest. Immerhin findet er in Johann Christoph Arnold, dem Entdecker und Förderer Ludwig Richters, einen Verleger für »Amphitryon«.

In der sächsischen Residenzstadt, über der Löwenapotheke in seiner Dachkammer hockend, schreibt Kleist weiter an der »Penthesilea«, arbeitet an der »Hermannsschlacht«, entzweit sich brieflich mit Goethe, dem er das Textbuch vom »Käthchen von Heilbronn« geschickt hat. Der Dichterfürst hatte bereits im Februar 1808 Kleists »Zerbrochenen Krug« inszeniert und für eine Pleite gesorgt. Goethe schob indes damals den Misserfolg dem Autor in die Schuhe. Jetzt also das »Käthchen von Heilbronn«. Wieder fühlt sich Goethe bestätigt. Der Kleist kann eh nichts. Und eigentlich sei das »Käthchen« von ihm, jedenfalls die Idee, seine sei besser, und nicht die von diesem Kleist. Kleist wiederum soll ob der Schmach den Weimarer Heroen zum Duell gefordert haben. Nichts ist davon schriftlich überliefert. Hier schweben seit Generationen weitererzählte Kolportagen über der Geschichte. Goethe meinte vielleicht, seit dem »Werther« und der »Stella« das Monopol auf Dreiecksgeschichten zu haben. Da sei kein Raum für einen Kleist. Immerhin reicht der Arm Goethes so weit, dass kein deutsches Theater Kleists »Käthchen« zur Aufführung annimmt. Lediglich Wien erbarmt sich 1810. Heimisch geworden ist er hier nicht. Er ist nirgendwo heimisch geworden. Er bleibt ein Getriebener. Einer der größten Epiker deutscher Feder. Er ist einunddreißig Jahre, als er die Apothekenecke am Dresdner Altmarkt hinter sich lässt. Zwei Jahre später wird er sich am Wannsee erschießen.

In den Wirren des Maiaufstandes 1849 lehnt sich Dresdens damals populärste Bühnenschauspielerin Wilhelmine Schröder-Devrient aus dem Erkerfenster über der Löwenapotheke und feuert die Aufständischen an. Im Haus nebenan, dem alten Dresdner Rathaus, hat sich die provisorische Regierung verschanzt. Der Aufstand wird niedergeschlagen werden, die Protagonisten verhaftet. Oder es gelingt ihnen die Flucht, wie Gottfried Semper und Richard Wagner.

Und noch einmal wird die Apothekenecke vom Atem der Geschichte gestreift. Rund hundert Jahre nach Kleists traurigem Abschied hockt wieder ein Mann in der Dachkammer über der Löwenapotheke. Er heißt Ottomar Heinsius von Mayenburg, ist der neue Löwenapotheker und experimentiert mit

Metallstreifen, pulverisiertem Kalkstein und Kräutern. Aus Tinkturen und Essenzen mischt er einen Sud, streckt ihn mit Kalk und geriebenen Pfefferminzblättern. Die entstandene Creme füllt er in kleine selbstgefaltete Metalltuben ab und begründet damit seinen Geschäftserfolg.

Wilhelmine Schröder-Devrient im Mai 1949 während des Aufstandes die Aufständigen anfeuernd.

Die neue Zahncreme versieht er mit dem Kunstwort »Chlorodont«. Fortan gilt er weltweit als der Erfinder der Tubenzahnpasta. Was nicht richtig ist, denn das Patent dafür wurde in Amerika der Firma Colgate & Co schon 1896 ausgestellt. Doch in Europa vermittelt Mayenburg durch einen beispiellosen Reklamefeldzug der Öffentlichkeit den Eindruck, Ersterfinder zu sein.

Für die große Nachfrage werden die Räume in der Löwenapotheke zu klein. 1917 lässt er in der Dresdner Neustadt die Leo-Werke bauen, die neben »Chlorodont« auch die durchschlagenden Leo-Pillen produzieren. Mayenburg wird in den letzten Kriegsjahren noch zum Gewinnler. Das deutsche Militär bestellt für die Soldaten ungeheure Mengen der neuen Zahncreme. Den Kalk für den Grundstoff holt er sich aus seinen eigenen Bergwerken im Bayerischen, die beste Pfefferminze, die er sich nur vorstellen kann, lässt er aus dem rumänischen Siebenbürgen kommen. Gleichzeitig verkauft er seine Produkte weltweit, ein Global-Player der späten Gründerzeit. Mit seinen Verkaufserfolgen in Afrika wirbt er in Dresden. »Schwarzer Mann und weiße Zähne«, das galt damals noch als korrekt. Seinen märchenhaften Reichtum investiert er in Schlösser. Jedes seiner vier Kinder bekommt sein eigenes Schloss. Für sich selbst erwirbt er das Schloss Eckberg am Elbhang. Dort wird er großmütig ein paar Zimmer weitervermieten. Aber nur an Prominenz. Sänger Tino Pattiera wohnt hier, die Schauspielerin Grete Weiser.

Die Apothekenecke am Altmarkt indes wird abgerissen. Die Wilsdruffer Straße muss verbreitert werden. Inzwischen fährt da die Straßenbahn. Baurat Erlwein nimmt sich der sensiblen Sache an. Die Dresdner lieben ihre Vogelecke mit der traditionellen Löwenapotheke und sind von der Veränderung nicht begeistert. Erlwein versetzt 1913 den Neubau infolge der Straßenverbreiterung um ein paar Meter nach Süden, versieht ihn wieder mit Laubengängen und einem Erker im aktuellen Zeitgeschmack. Doch die Bürger nehmen den neuen Eckbau mit der neuen Löwenapotheke nicht an. Er ist nicht barock. Schon vor hundert Jahren galt in Dresden alles Alte als gut und alles Neue als schlecht. Erich Kästner wird später den schönen Satz prägen, dass in Dresden alles ehemalig ist. Erlweins Apothekenecke existiert nur reichlich dreißig Jahre, dann geht sie im Feuersturm des 13. Februars 1945 unter.

Aktuelle Ansicht der Apothekenecke am Dresdner Altmarkt.

1953 beginnt man just an dieser Stelle mit dem Wiederaufbau des Altmarktes. Es entsteht in maßvoller Beliebigkeit ein markanter Hausturm mit vereinfachtem Mansarddach. Wehmütig erinnern sich die alten Dresdner an die eigentlich doch so schöne Erlweinsche Apothekenecke mit dem Erker.

In Dresden ist eben alles Alte gut und alles Neue schlecht. Inzwischen haben die Dresdner mit der Altmarktarchitektur ihren Frieden geschlossen. Es hätte schlimmer kommen können. Die verschobenen Proportionen des Altmarktes sind das größere Übel. Und die an Heinrich von Kleist erinnernde Gedenktafel hatte man schon in den 50er Jahren entfernt.

Eine Grenze zwischen dem alten Dresden und dem heutigen Stadtteil Blasewitz ist nicht mehr auszumachen. Die Autokarawane überfährt die alten Demarkationslinien ungerührt. Nur die Straßenbahn macht Halt am Königsheimplatz, als wolle sie sich dem alten Grenzregime beugen. Früher, vor 1921, endete an dieser Stelle Dresden. Man betrat Blasewitzer Boden. Ging man weiter, kam irgendwann die Stelle, an der man Blasewitz verließ und wieder nach Dresden kam. Blasewitz war eine Insel.

In Blasewitz, dem feinen Villenviertel, war immer alles anders. Und auch heute, knapp hundert Jahre nach seiner Eingemeindung, fühlt sich der Dresdner Stadtteil noch eigenständig. Man ist Blasewitzer und dann erst Dresdner. Von Kriegszerstörungen blieb Blasewitz ebenso verschont wie von den Bausünden der DDR. Nur am jetzigen Königsheimplatz, an dem ein Brunnen aufragt, steht ein weißer DDR-Wohnblock, der die Ironie der Geschichte bedient: Früher lockte hier auch ein weißer Bau, das legendäre Weiße Schloss. Ein mondäner Gründerzeitbau mit vielen Nebengebäuden, die alle in einen Hotel- und Gaststättenbetrieb integriert waren. Hier konnte man in einem eigenen Park lustwandeln, in Laubhütten übernachten und den Lufthunger stillen. Das Personal des Weißen Schlosses war stets mehrsprachig. Das heute dort stehende seltsame Brunnendenkmal, das ein Motiv der griechischen Mythologie darstellt, markiert nicht nur die Grenze zwischen Dresden und Blasewitz. Es sollte zu seiner Errichtung 1922 ein kleines Trostpflaster für die Blasewitzer Einwohner sein, die ein Jahr vorher gegen ihren Willen und erst nach erbittertem Widerstand nach Dresden eingemeindet wurden. Immer war in Blasewitz alles anders.

Das kleine verschlafene Fischerdorf, östlich der alten Residenzstadt gelegen, hatte von seiner Ersterwähnung im 14. Jahrhundert bis ins 19. Jahrhundert kaum von sich Reden gemacht. Die Blasewitzer Bauern ernährten sich von Getreideanbau, hielten Gänse und Enten und bauten sogar Wein an. Ihre Beziehung zur Elbe dokumentierten die Einwohner mit einem stolzen Gemeindewappen, das ein Schiff mit geblähten Segeln zeigt. Im 19. Jahrhundert zog die dörfliche Idylle die ersten Touristen an. Friedrich Schiller kehrte gern im Gasthof ein, der ihm zu Ehren später den Namen Schillergarten tragen wird. Und mehr und mehr Betuchte und Prominente ziehen nach Blasewitz. Sie genießen die unvergleichliche Verbindung von Wohnen im Wald einerseits und Stadtnähe andererseits. Hier schreibt Karl May an seinem »Waldröschen«-Roman. Hier baut sich Franz Schönthan Edler von Pernwald von den Tantiemen seines Erfolgsstücks »Der Raub der Sabinerinnen« eine prachtvolle Villa. Der spätere Literaturnobelpreisträger Gerhard Hauptmann versucht, mit einer Villa an der Hochuferstraße seine Frau gnädig zu stimmen und die Ehe zu retten. Richard Wagner lässt in der Romantik von Blasewitz seinen Empfindungen freien Lauf und hört in sich erste Takte des »Rienzi«.

Mehr und mehr wird Blasewitz interessant. Schossen in Dresden Betriebe und Manufakturen wie Pilze aus dem Boden und mussten innerhalb kurzer Zeit Mietskasernen für die Arbeiter gebaut werden, so suchten die Gewinnler der Gründerzeit angemessene Wohnmöglichkeiten für sich. Nicht zu nah an Dresden, aber auch nicht zu weit weg. Und schön im Grünen, bitte.

Da kam die bewaldete Flur von Blasewitz gerade recht. Wurden die ersten Villen noch ungeordnet an die bescheidenen Wege gebaut, widersetzt sich dem sehr schnell ein Mann, der heute als Stammvater von Blasewitz gilt und von der Sorge umgetrieben wurde, dass der schöne Ort zersiedelt und damit gesichtslos werden könnte. Arthur Willibald Königsheim, gebürtiger Dresdner, hatte seinen Wohnsitz in Blasewitz genommen und sorgte mit der Strenge eines Ministerialbeamten für erste Ordnung. Ihn plagten Sorgen. Gäbe man das Bauen in Blasewitz frei, so entstünden bald Häuserreihen, so fiele der Blasewitzer Tännicht, ein in sich geschlossenes Waldgebiet mitten in Blasewitz, bald der Gier nach Bauland zum Opfer. Dieser Wald sollte um jeden Preis erhalten bleiben. Königsheim entwickelte eine Vision vom Wald in der Stadt und begann nach und nach die Waldparzellen aufzukaufen. 1869 gründete sich auf seine Veranlassung hin der »Blasewitzer Waldparkverein«, der das maßvolle Bauen in Blasewitz um den kleinen Wald herum mit strengen Bauvorschriften ermöglichte. In den folgenden Jahren wurden die Bauregularien strenger und konkreter gefasst. Das Verhältnis von Grundstücksbreite und Bauwerksbreite wurde festgelegt, der Mindestabstand des Hauses von der Grundstücksgrenze definiert. Und wer in Blasewitz bauen wollte, musste sich nicht nur diesen Regulativen unterwerfen, er musste Bauland vom Waldparkverein kaufen und dessen Mitglied werden. Und mit dem eingenommenen Geld konnte der Wald gerettet werden. Nichts überließ Königsheim dem Zufall. Sogar die Bogenform der beiden Straßen, die den Waldpark in der Nord-Süd-Richtung durchziehen, setzte er durch. Schnurgerade Straßen hätten den Wald dem Risiko von Windbruch ausgesetzt.

1874 wurde die Waldparkstiftung gegründet und der Schutz dieser Waldfläche für alle Zeit festgeschrieben.

Blasewitz wurde nach und nach ein urbanes Gesamtkunstwerk. Üppige Villen, große gepflegte Gärten, mitten drin ein urwüchsiger Wald. Nur wer viel Geld hatte, konnte sich Blasewitz leisten. Künstler, Industrielle, Privatiers, hohe Offiziere. Kein Wunder, dass sich am Ende des 19. Jahrhunderts die begehrlichen Blicke der Dresdner Stadtväter auf die eigenständige politische Gemeinde Blasewitz richteten. Waren die umliegenden Dörfer wie Striesen, Johannstadt, Tolkewitz und Laubegast in Erwartung wirtschaftlicher Vorteile schon bald nach Dresden eingemeindet, so weigerten sich die Blasewitzer entschieden. Die Klientel der in Blasewitz Wohnenden sicherte der Kleinkommune beträchtliche Steuereinnahmen. Und eine Armenversorgung, die für jede normale Stadt eine gewaltige Last war, gab es hier nicht. In Blasewitz war man nicht arm. Für die Blasewitzer hätte die Eingemeindung unweigerlich eine wirtschaftliche Verschlechterung bedeutet. So wehrte man sich standhaft gegen die Pläne der großen Stadt Dresden. Auch dann noch, als die um Blasewitz liegenden Gemeinden längst in Dresden aufgegangen waren. So kam es zur kuriosen Situation, dass mitten in Dresden ein selbständiges Dorf lag. Autonom, mit eigener Verwaltung, mit gut erkennbaren Grenzen. Wie Jahrzehnte später Westberlin, nur ohne Mauer. Aber imaginär, fühlbar stand sogar eine Mauer. Beide Streitparteien, die Dresdner wie auch die Blasewitzer, sollten sie zu spüren bekommen. Jede

Initiative der Dresdner, Blasewitz einzugemeinden, wurde mit wütenden Gegenattacken beantwortet. Dresden hatte alle Bitten und freundlichen Angebote schon geleistet. Blasewitz blieb stur. Auf keinen Fall zu Dresden. Dann würde Blasewitz untergehen. So begann Dresden Druck aufzubauen. Gern hätte sich Blasewitz an das Dresdner Trinkwassernetz angeschlossen. Aber sich dadurch den Dresdnern an den Hals zu werfen? Lieber baute man am Waldpark ein eigenes Wasserwerk.

Dresden ließ nicht locker. Man erhöhte das Schulgeld für Blasewitzer Schüler, die Dresdner Gymnasien besuchten. Schließlich verweigerte man ihnen sogar den Besuch Dresdner Schulen gänzlich. Es seien ja immerhin Bürger einer anderen Stadt. Der Blasewitzer Gemeinderat wehrte sich und baute ein eigenes Gymnasium, um sich unabhängig zu machen. Nun warb man sogar Lehrer aus Dresden ab, natürlich die besten. Geld war ja da.

Schließlich überließen die gierigen Dresdner in diesem Streit dem sächsischen Innenministerium das Handlungsfeld. Mit einem Federstrich wurde Blasewitz Dresden zugeschlagen. Gegen einen Akt des Ministeriums war nichts mehr zu machen. Wütende Reden in Blasewitz, man hisste schwarze Fahnen. Auch das Friedensangebot der Dresdner, den neuen Mitbürgern den Eingangsbereich von Blasewitz zu gestalten, verkehrte sich ins Gegenteil. Auf dem Königsheimplatz entstand auf Kosten der Landeshauptstadt ein Denkmal, für das man den hochgeschätzten Bildhauer Georg Wrba unter Vertrag nahm. Aus Gründen, die bis heute im Dunklen blieben, gestaltete Wrba über einer markanten Brunnenanlage ein Motiv aus der griechischen Mythologie. Europa, die phönizische Königstochter, wird von Zeus, der sich aus Gründen besserer Erfolgsaussichten in einen Stier verwandelt hatte, entführt. Kein Bezug zur Blasewitzer Stadtgeschichte. Oder doch? Sofort nahm der immer noch verärgerte Blasewitzer Volksmund das Motiv auf. Der entführende Stier sei in Wirklichkeit Dresdens Oberbürgermeister Blüher und die gewaltsam (nach Dresden) entführte Dame die Gustel von Blasewitz. Dieses Denkmal steht am Königsheimplatz, fast genau auf der ehemaligen Grenze zwischen Dresden und Blasewitz, um die vor vielen Jahren so erbittert gerungen wurde.

Der Europabrunnen in Blasewitz.

Die Villa »Fliederhof«

Die Dresdner Goetheallee ist eine der besten Wohnadressen in Dresden. Sie verbindet die Johannstadt mit dem Nobelstadtteil Blasewitz und führt fast bis zum Schillerplatz. Monströse Gründerzeitvillen mit großen parkähnlichen Gärten zeigen den Reichtum derer, die hier gebaut hatten und derer, die jetzt hier wohnen. Einkaufsmöglichkeiten sucht man vergebens. Die früher hier bauten und wohnten ließen einkaufen. Generäle, Ministerialräte, Kunstsammler, Schriftsteller einstmals, heute Notare, Rechtsanwälte, renommierte Musiker, ein emeritierter Bundesligatrainer. Franz Edler von Pernwald ließ sich Ende des 19. Jahrhunderts in dieser Straße von den Tantiemen seines erfolgreichen Boulevardstücks »Der Raub der Sabinerinnen« einen zuckerbäckerigen Palast im Stile des Historismus bauen. Oscar Schmitz, Kunstsammler und Mäzen, delektierte sich in seiner Prunkvilla an französischen Impressionisten. Und bis heute hält sich hartnäckig das Gerücht, Adolf Hitlers Halbschwester Angela Raubal habe ebenfalls in der Goetheallee gewohnt, die damals noch Emser Allee hieß.

Die spannendste Geschichte, die sich mit der Goetheallee in Verbindung bringen lässt, kann man heute nicht mehr verorten. Die 1892 gebaute Villa »Fliederhof« ist verschwunden. Etwas indigniert schaut der Betrachter an dieser Stelle auf zwei Nachwendebauten im toskanischen Stil. Keine Schnörkel, keine verspielten Anklänge an Barocksehnsucht, kein eklektizistischer Wirrwarr. Dafür gerade Linien, Stahl, riesige Fenster, modern. Englischer Rasen, kurzgeschnitten. Nicht unbedingt der betuliche Stil des sich mondän gebenden Stadtteils Blasewitz.

Der Fliederhof.

Der Autor dieses Buches hatte den Architekten der neuen Häuser gebeten, für das Grundstück den Namen »Fliederhof« wieder zu beleben. Ringsum heißen Villen »Aurora«, »Erika« und »Tusculum«. »Fliederhof« wäre passend gewesen. Aber Architekten kommen und gehen. Sie hinterlassen Funktion zu günstigen Preisen. Kunst am Bau kostet Geld. Muss nicht sein. Namenstafeln können nicht als Betriebskosten umgelegt werden. Aber hier lässt sich Geschichte aufnehmen, die sogar schon begann, als das Haus auf der Goetheallee 26 noch nicht stand. Der Bauherr der Villa »Fliederhof«, Schauspieler und Regisseur Sigward Johannes Friedmann, stand am 29. September 1883 bei der Eröffnung des Deutschen Theaters in Berlin auf der

Bühne. Gemeinsam mit Josef Kainz, der Schauspielerlegende, begründete er dieses bis heute bedeutende Schauspielhaus. In erster Ehe war Friedmann mit Helene von Dönniges verheiratet, die, als blutjunge Frau, 1864 ungewollt der lebende Grund für eine Sinnkrise der deutschen Arbeiterbewegung wurde. Als bereits verlobte Frau hatte sie in Genf Ferdinand Lassalle getroffen. Lassalle, selbsternannter Arbeiterführer, Bonvivant mit aristokratischen Sehnsüchten, Frauenverführer, charismatischer Redner und einige Zeit im Dienste von Karl Marx als Redakteur der »Rheinischen Zeitung«, war der eigentliche organisatorische Kopf der Neufindung der Arbeiterbewegung nach der gescheiterten Revolution. Der umtriebige Lassalle hatte zum neidischen Verdruss des im Londoner Exil sitzenden Karl Marx 1863 den Allgemeinen Deutschen Arbeiterverein gegründet, badet sich bald in öffentlicher Bewunderung, diniert mit Bismarck, hält überall Reden, reist ohne Pause durch Deutschland. Nun wollte er Abstand zum Stress der letzten Monate finden. Eine Kur in der Schweiz. Helene von Dönniges war ihm nicht unbekannt, beiden wird bereits zwei Jahre zuvor eine Romanze nachgesagt. Das Begehren flammt neu auf, und Lassalle, immer schwankend zwischen proletarischer Attitüde und aristokratischem Wohlleben, hält bei Helenes Vater um ihre Hand an. Für Helenes Vater, immerhin Bayerischer Gesandter in der Schweiz, war das Ansinnen des Salonrevolutionärs unannehmbar. Der folgende Schriftwechsel zwischen dem Vater Wilhelm von Dönniges und Lassalle, in dem es um die junge Dame geht, wird mehr und mehr unappetitlich, so dass schließlich Lassalle den älteren Herrn zum Duell auffordert. Für den betagten Bayerischen Diplomaten tritt Bajor Yanko von Rakowitza an, der als eigentlicher Verlobter Helenes die Familienehre zu retten gedenkt. Am 28. August 1864, früh im Morgengrauen, trifft Lassalle eine Kugel in den Unterleib, worauf er drei Tage später verstirbt. Helene von Dönniges wendet sich wieder ihrem Verlobten zu und heiratet später Siegward Friedmann. Friedrich Engels, wie Karl Marx distanziert zu Lassalle stehend, dessen Erfolg als Menschensammler neidend, äußert sich zu dessen Tod zynisch: »Der Lassalle ist offenbar daran kaputtgegangen, dass er Helene von Dönniges nicht sofort in der Pension aufs Bett geworfen und gehörig hergenommen hat, sie wollte nicht seinen schönen Geist, sondern seinen jüdischen Riemen.«

1895 wird der Villa in Dresden offiziell der Name »Fliederhof« gegeben. Nach dem Ersten Weltkrieg gelangt sie ins Eigentum der Familie Schuncke, die das Haus für 180.000 Goldmark den Erben des Schauspielers Friedmann abkauft. Die Schunckes galten seit der Barockzeit als eine der führenden deutschen Musikerfamilien. Hatte Stammvater Johann Gottfried Schuncke (1742 bis 1807) noch als Bäcker und Musikus auf den Tanzböden aufgespielt, gingen die Familienmitglieder der folgenden Generationen bereits als geschätzte Orchestermusiker an die führenden Häuser von Paris, London und Stockholm oder wurden freischaffende Künstler. Mitglieder der Familie Schuncke musizierten mit Robert Schumann und Carl Maria von Weber, pflegten freundschaftlichen Kontakt mit Friedrich List und widmeten Frederic Chopin ein Werk. Charles Schuncke verdiente sein üppiges Honorar als Hofpianist der französischen Königin. Auch als später manche Mitglieder der Familie Schuncke andere Berufe ergriffen, behielten sie ihren Kontakt zur Kunst, musizierten nebenbei oder wurden Mäzene.

Der Dresdner »Fliederhof« wird allmählich zum Familienzentrum der weitverzweigten Schunckedynastie.

1924 laden die Schunckes den russischen Pianisten und Komponisten Sergej Rachmaninow ein. Im Anschluss an eine Konzertreise in London kommt Rachmaninow in den »Fliederhof« nach Dresden-Blasewitz. Dieses Haus wird für den weltläufigen Komponisten ein Ort des Rückzuges werden. Im gleichen Jahr heiratet seine älteste Tochter Irina Rachmaninowa den Großfürsten Pjotr Wolkonski aus der Adelsfamilie, der Leo Tolstoj in »Krieg und Frieden« ein Denkmal gesetzt hatte. Die Vermählung findet in der russischen Kirche zu Dresden statt, anschließend feiert man im »Fliederhof«. Platz ist da genug. Aber die Zeiten bleiben nicht stehen. Die Freiheiten der Weimarer Republik sind nicht von Dauer. Rachmaninow reist in die USA und wird nicht mehr zurückkommen.

Der Bombenangriff auf Dresden verschont Blasewitz weitgehend und so auch die Villa »Fliederhof«. Auch die Familie Schuncke verlässt Dresden und geht in den Westen Deutschlands. Als bürgerliches Relikt fühlt man sich im beginnenden Sozialismus fehl am Platz und lässt den Fliederhof aus der Entfernung verwalten. Schließlich findet sich die Familie in den 70er Jahren damit ab, wohl nie wieder Besitz von diesem Haus ergreifen zu können. Getreu dem sozialen und künstlerischen Impetus dieser Familie bietet sie das Haus als Geschenk der Dresdner Musikhochschule »Carl Maria von Weber« an, mit der Auflage, Sergej Rachmaninows Wirken in Dresden und in diesem Haus besonders zu gedenken. Nach monatelangem Schweigen wird schließlich mitgeteilt, dass die Behörden der DDR nicht im Mindesten daran denken, sich ein Haus von Kapitalisten schenken zu lassen. Man habe dazu andere Wege und Mittel. Und an eine Gedenkstätte für den Klassenfeind Rachmaninow sei erst recht nicht zu denken.

Sergej Rachmaninow
mit seinen Töchtern in der Villa »Fliederhof«.

Das Haus wird 1975 zwangsverkauft und gelangt ins Eigentum des Chefarztes des St.-Joseph-Stiftes, Dr. Kristof Flach. Lange kann sich die Familie nicht an diesem Grundstück erfreuen. Die Frau des Chefarztes wird infolge eines bis heute nicht abschließend geklärten Ehestreites am 25. Juni 1979 das gesamte Haus innen mit Benzin besprühen und anzünden. Sie selbst, ihr Mann und ein Sohn erleiden den Tod. Das Haus wird bis auf die Grundmauern zerstört. Die mit im Haus wohnende Gesangspädagogin Senta Kutzschbach, Freundin der Familie Schuncke, kommt knapp mit dem Leben davon. Ihre sorgsam gehüteten unersetzlichen Originalpartituren von Richard Strauß werden alle vernichtet. Wochenlang wird dieses Familiendrama in Dresden und Umgebung ein Gesprächsthema sein, zumal Dr. Flach als ein sehr geschätzter Arzt weithin bekannt war.

Schließlich verkaufte der überlebende Sohn der Familie Flach das Ruinengrundstück an das Bistum Dresden-Meißen. Wieder vergehen Monate, ehe die Kirche die staatliche Genehmigung für den Erwerb des Grundstücks erhält. 1985 werden Planungen erstellt, die Ruine endgültig abzureißen und ein kirchliches Altenheim zu errichten. Die Behörden erteilten die Genehmigung für den Fünfjahrplan 1990 bis 1995.

Die friedliche Revolution macht freilich alle diesbezüglichen Überlegungen überflüssig. Schließlich wird das Grundstück verkauft, und heute stehen zwei toskanische moderne Villen darauf, die keinen bauhistorischen Bezug mehr zur Umgebung haben. Kein Tourist verirrt sich mehr hierher, wo einst Rachmaninow präludierte, wo man den Faden zu Lassalles Tod aufnehmen kann und wo sich ein schreckliches Familiendrama abspielte

Am 9. April 1986 schließen sich in Altenburg Handschellen um die Gelenke von Henry Schmidt. Das honorige SED-Mitglied, der mehrfache Aktivist der sozialistischen Arbeit, der verdienstvolle langjährige Geschäftsführer der Altenburger Arbeiterwohnungsbaugenossenschaft »Glückauf«, bleibt zunächst stumm. Wenigstens bestätigt er, dass er Henry Schmidt sei. Mehr sagt er zunächst nicht. Als ihm eine Stunde später die ausführliche Begründung seines Haftbefehls vorgeworfen wird: »Dringender Tatverdacht der Mitwirkung an Verbrechen gegen die Menschlichkeit durch Verfolgung, Misshandlung, Deportation und Mord an Menschen jüdischer Herkunft« hält Henry Schmidt kurz inne, um letztlich lakonisch zu antworten: »Was im Haftbefehl steht, stimmt.« Wie sieht es in einem Menschen mit einer solchen Lebensgeschichte aus? Kann man ein solches Leben verdrängen? Wartet man unbewusst zeitlebens doch auf eine Verhaftung, um mit dem Versteckspiel aufhören zu können? Am Tage seiner Verhaftung endet das zweite Leben des Henry Schmidt. Und das dritte Leben wird beginnen, mit Untersuchungshaft und einer lebenslänglichen Gefängnisstrafe.

Das erste Leben des am 2. Oktober 1912 in Chemnitz geborenen Henry Schmidt beginnt mit seinem 18. Geburtstag. Er wird Mitglied der NSDAP und tritt wenig später der SS bei. Wie viele seiner Generation versucht er, sein berufliches Scheitern durch eine Karriere in der aussichtsreich erscheinenden Nazipartei zu ersetzen. Als gelernter Maurer hatte er sich nach bestandener Gesellenprüfung plötzlich arbeitslos auf der Straße wiedergefunden. Jetzt setzt er auf die braune Karte. 1933 wird er zunächst Hilfspolizist, bewacht Gefängnisse, nimmt an Lehrgängen teil und landet schließlich im Wachdienst der Gestapo-Leitstelle Dresden. 1936 wird er Untersturmführer, klettert langsam aber unaufhaltsam die Leiter der Hierarchie weiter nach oben. In Trier lässt er sich zum Kriminalkommissar ausbilden. Schließlich bewirbt er sich von dort auf eine Beamtenstelle der Gestapo in Dresden. 1942 übernimmt er die Leitung des Referats IVA4 der Gestapo-Leitstelle Dresden und bezieht sein Büro auf der Bismarckstraße am Hauptbahnhof.

Die Gestapo hat das traditionsreiche und altehrwürdige Hotel »Continental« übernommen und als Zentrale ausgebaut. Es wird zu einem Haus des Schreckens werden. Schmidts Referat IVA4 ist neu geschaffen worden. Seit der Wannseekonferenz, auf der die »Endlösung der Judenfrage« beschlossen wurde, mussten vor Ort linientreue Beamte mit dem Vollzug beauftragt werden. Deutschlandweit gründet man »Judenreferate« und versieht sie mit der überall gleichen Bezeichnung IVA4. Henry Schmidt wird mit seinem Referat beauftragt, die »Judenfrage« in Dresden zu lösen. 1942 befinden sich im damaligen Dresden noch 985 jüdische Menschen, darunter auch der Romanist Victor Klemperer. Schmidts erste Handlung als Referatsleiter besteht in der Lösung seines eigenen Wohnungsproblems. Er lässt prüfen, welche für ihn angemessene Wohnung in jüdischem Besitz sei. Seine Wahl fällt auf die Wohnung der Familie Weiß in der Schlüterstraße 22b. Kurzerhand lässt er die Familie deportieren, deren Spur sich in Auschwitz verlieren wird.

Henry Schmidt.

In den nächsten beiden Jahren beschäftigt sich Henry Schmidt intensiv mit der Deportation der Dresdner Juden in das Konzentrationslager Theresienstadt. Mit besonderer Perfidie wird ihnen vorgegaukelt, diese Stadt wäre ihre neue Heimat mit perfekter Infrastruktur. Und es wäre beileibe keine Deportation, sondern nur eine Umsiedlung. Und nur zum Besten der jüdischen Menschen. Mit einem »Heimeinkaufsvertrag« und einer staatlich festgelegten »Reichsfluchtsteuer« müssen auch die Dresdner Juden ihr Vermögen aufgeben, um nach Theresienstadt reisen zu dürfen. Der Öffentlichkeit wird in einem Propagandafilm »Der Führer schenkt den Juden eine Stadt« eine heile Welt in Theresienstadt gezeigt. Spielende Kinder, fröhliche Menschen. Der Regisseur des Filmes, Kurt Gerron, selbst Häftling in Theresienstadt und vormals neben Marlene Dietrich im »Blauen Engel« zu sehen, wird bald nach Fertigstellung des Filmes nach Auschwitz deportiert und ermordet werden. Nach Ankunft in Theresienstadt finden sich die Umgesiedelten im Ghetto unter unvorstellbaren Bedingungen wieder. Von den 375 deportierten Dresdner Juden überlebten 311 nicht. Um aus den für die Gestapo lebensunwerten Juden noch zu deren Lebzeiten Kapital zu schlagen, vereinbart Schmidt mit Vertretern der Zeiß-Ikon-Werke am 17. November 1942, Juden zu Zwangsarbeiten zur Verfügung zu stellen. Als Mietpreis pro Tag und Arbeitskraft wird ein Betrag von 0,60 Reichsmark vereinbart. Wenige Monate später, als die Geschundenen am Ende ihrer Kräfte sind, wird das Zwangsarbeitslager auf den Hellerbergen geschlossen und die billigen Arbeitskräfte nach Auschwitz ins Gas geschickt.

Am Abend des 8. Januar 1944 wird Henry Schmidt zu Hause angerufen. Am Apparat ist ein verunsicherter Polizeibeamter. Nach seinen Worten stünde der Polizeikommissar Henry Schmidt im Gefängnis neben ihm, um eine Frau Weigmann aus der Zelle abzuholen. Dem Beamten sei das seltsam vorgekommen. Und seine Besorgnis sei nun bestätigt, wenn er denn nun den richtigen Kommissar Schmidt am Telefon habe. Henry Schmidt macht sich sofort auf den Weg und fährt ins Gefängnis. Der junge Mann, der sich mit einer selbstgefertigten Polizeimarke als Kommissar Schmidt ausgegeben hatte, war in Wirklichkeit der 20jährige Horst Weigmann, der mit dieser Verzweiflungstat seine verhaftete Mutter aus den Händen der Gestapo befreien wollte. Horst Weigmann wird sofort festgenommen und überlebt die folgende Nacht nicht. Im Verfahren vor dem Bezirksgericht Dresden gegen Henry Schmidt 1987 wird dem Angeklagten dieser Fall vorgehalten werden. Er bestätigt alles, auch die Tatsache, selbst Hand angelegt zu haben.

Am 13. Februar 1945 fallen die Bomben auf Dresdens Stadtzentrum. Auch das alte Hotel »Continental«, in dem sich die Gestapozentrale befindet, wird dem Erdboden gleichgemacht. Damit sind alle Personalunterlagen vernichtet. Ein Glücksfall für Henry Schmidt. An diesem Tag verliert sich die Spur des Gestapokommissars und Leiters des Dresdner Judenreferats Henry Schmidt. Sein erstes Leben endet. Die Suche nach ihm in den folgenden Jahren und Jahrzehnten bleibt erfolglos. Man musste annehmen, dass er im Feuersturm des 13. Februars 1945 ums Leben gekommen war. Aber Henry Schmidt hat das Inferno von Dresden überlebt. Er schlägt sich nach Teplitz durch, beschafft sich neue Papiere, reist zurück und gilt nun als Vertriebener. Sein zweites Leben beginnt. In seiner Heimatstadt Chemnitz lässt er sich die Blutgruppentätowierung entfernen, um seine Zugehörigkeit zur SS zu verschleiern. Aber Chemnitz ist für ihn ein zu heißes Pflaster, die Gefahr, erkannt zu werden, ist groß. Er zieht mit seiner Frau ins Erzgebirge und verdingt sich als Verwalter einer Sandgrube. Bei einer Befragung, warum er nicht als Soldat im Krieg gewesen war, weicht er aus. Das Chaos in den Verwaltungen ist so groß, dass man seinen fadenscheinigen Begründungen glaubt. Seinen Namen verändert er nie. Im Zuge des Aufbaus zerstörter Wohnhäuser meldet sich Henry Schmidt bei einer neu entstehenden Arbeiterwohnungsbaugenossenschaft in Altenburg, arbeitet ehrenamtlich mit, wird Angestellter und 1963 immerhin deren Geschäftsführer. Bis zum Erreichen des Rentenalters 1977 gilt er als fähiger Organisator, als fleißiger Fachmann und knallharter Chef.

Bis heute ist nicht eindeutig geklärt, wie man Henry Schmidt nach Jahrzehnten auf die Spur gekommen ist. Waren Überprüfungen der weißen Flecken in seiner Rentenberechnung die Ursache? Oder haben polnische Archive den entscheidenden Tipp gegeben? Und welche Rolle spielte das Ministerium für Staatssicherheit? Die Akten sind heute nicht mehr auffindbar. 1987 wird Henry Schmidt zu lebenslänglicher Haft verurteilt. Aus gesundheitlichen Gründen entlässt man ihn 1992. Vier Jahre später verstirbt er in Altenburg.

Am Ort seiner Schandtaten, des zweckentfremdeten Hotels »Continentals« steht heute ein schlichter Neubau mit Supermarkt und Apotheke. Nichts deutet mehr darauf hin, welchen Schrecken dieser Ort einst verbreitet hatte. Nur wenige Meter davon entfernt, unter der Brücke am Hauptbahnhof, befindet sich die Gedenktafel für zwei Eisenbahner, die ebenfalls dem Terror der Nazis zum Opfer gefallen sind. Aber das ist eine andere Geschichte.

»… AM LIEBSTEN MÖCHTE ICH DAS DING UMFAHREN!«

Zu Beginn des Jahres 1961 versammeln sich einige ältere Herren vor dem Dresdner Stadtmodell. Nach längeren Erörterungen greift der offenbar Ranghöchste nach einem Modellteil. Sekundenlang verharrt seine Hand auf einem kleinen Kirchenmodell. Dann nimmt er es aus der Modellstadt und stellt es an den Rand. Kein Platz mehr für die Sophienkirche in der Dresdner Innenstadt. Das Ding muss weg. Keiner aus der Runde widerspricht. Das Ding muss weg. Diese vier Worte werden dem spitzbärtigen, bebrillten Mann mit sächsischer Fistelstimme in den Mund gelegt, als er wenige Jahre später auf vergleichbare Weise das Todesurteil über die Leipziger Universitätskirche sprechen wird. Ob er in Dresden »Das Ding muss weg« über die Sophienkirche gesagt hat, ist nicht belegt. Aber Ähnliches wird es gewesen sein. Verbürgt ist, dass er bei seinen Dresden-Besuchen gegenüber seinem Chauffeur mehrfach geäußert hatte: »… am liebsten möchte ich das Ding umfahren.« Walter Ulbricht, bekennender Kirchenhasser, hat mit seiner endgültigen Entscheidung über dieses historisch einmalige Gebäude seinen Untaten eine weitere hinzugefügt. Wenige Monate später beginnt man mit dem Abriss des einzigen gotischen Bauwerks in Dresden und beendet damit eine jahrhundertelange Tradition. Wo heute nicht weit vom Dresdner Zwinger, am zugigen und unpersönlichen Postplatz, ein schmuckloser moderner Zweckbau steht, befand sich über Jahrhunderte die Sophienkirche, die durch ihre

Architektur und noch mehr durch ihr geistiges Leben die Stadt Dresden und das Land Sachsen prägte. Alte Dresdner werden noch die beiden markanten Türme der Sophienkirche im Gedächtnis haben.

Bereits im 13. Jahrhundert gab es in Dresden ein Kloster der Minoriten, einer Gemeinschaft, die zu den Franziskanern gehört. Der Ordensgründer, der Heilige Franziskus, nannte seine Gefährten Minderbrüder, Minoriten, vielleicht um ihnen und sich damit Armut und Bescheidenheit immer wieder vor Augen zu führen. Unterlagen aus der damaligen Zeit vom Dresdner Kloster sind nicht mehr vorhanden, dafür haben archäologische Grabungen zu Tage gebracht, dass hier in spätmittelalterlichen Zeiten nicht nur eine Kirche und ein Kloster standen, sondern auch beachtliche Wirtschaftsgebäude und Höfe. Streng waren die Minoriten zu sich. Jeder musste eine gediegene Ausbildung haben. Gern und mit besonderer Hingabe pflegten sie das Chorgebet und den Gesang. Ihre Hauptaufgabe sahen die Minoriten aber in der geistlichen Tätigkeit für die Bewohner und Besucher der Stadt. Nach dem franziskanischen Vorbild nahmen sie sich der Bedrängten, der Kranken und der Verfolgten an, gaben ihnen Obdach in ihren Gemäuern oder die letzte Ruhe in den Grüften der Kirche. Sie galten als die profiliertesten Seelsorger von Dresden und waren durch ihre Predigt- und Beichttätigkeit sehr beliebt. 1452 besuchte der damals bekannteste Prediger der Franziskaner, Johannes Capristano, die Dresdner Minoriten. Das war nicht nur für die Ordensmänner eine große Ehre. Auch die Stadt Dresden freute sich, baute für den begnadeten Prediger auf dem Markt ein Podium und bat ihn, vor den Bewohnern Dresdens zu predigen. Man bereitete den Besuch des berühmten Mannes vor, putzte die Stadt heraus. Der Auftritt dieses Predigers muss ein besonderer Erfolg gewesen sein, denn voller Dankbarkeit schrieben die Dresdner Ratsmänner an den Papst:

»Die Beständigkeit seiner Bemühungen zeigte sich besonders dadurch, dass er seinen Aufenthalt bei uns ziemlich lange ausdehnte. Dabei erreichte er durch die Ausgießung des göttlichen Wortes überaus große Erfolge. Er führte zahlreiche Menschen auf den Weg der Tugend zurück. Er hielt sie von üblen Gewohnheiten und Ungehörigkeiten, von Glücksspielen und ähnlichen Torheiten dieser Art fern und brachte sie zu würdiger Teilnahme am Gottesdienst. Er glänzte aber auch durch zahlreiche Wunder.«

Für die Dresdner war der Anblick der Ordensmänner im Stadtbild keine Besonderheit, sondern normal. Das Kloster und vor allem die Kirche entwickelten sich und gaben der Stadt Dresden ein Gepräge. Für eine franziskanische Kirche untypisch, verfügte sie bereits ab etwa 1480 über einen Glockenturm. Die seelsorgliche Tätigkeit der Minoritenbrüder ging weit über die Stadtgrenzen Dresdens hinaus. In Dippoldiswalde, Bischofswerda, Stolpen, überall hatten sie ihr geistliches Wirkungsfeld. Die Einführung der Reformation in der ersten Hälfte des 16. Jahrhunderts war für die Minoriten und ihr Kloster ein tiefer Einschnitt. Das Kloster wurde 1539 aufgehoben, die Klostergebäude künftig als Pferdeställe und Wagenremisen benutzt. In der Klosterkirche wurde Salz und Getreide eingelagert. Erst zu Beginn des 17. Jahrhunderts wurde die Kirche wieder dem gottesdienstlichen Gebrauch gewidmet und auch als Begräbnisstätte genutzt. Da die Kirche aber inzwischen einen jämmerlichen Bauzustand aufwies und zudem ein Engpass an geeigneten Begräbnisplätzen bestand, begaben sich die Ratsherren zur Kurfürstin Sophie und baten um Übertragung des Gotteshauses in städtisches Eigentum und um Geld für die Herrichtung. Die Landesherrin kam dem Wunsch nach. Später bot man an, die Kirche künftig ihr zum Dank »Sophienkirche« zu nennen,

Historische Ansicht der Dresdner Sophienkirche.

»… damit der mönchische Name Closter Kirche Abgeschafft und der selbe nach E. Churf. Gn. Taufnamen Zu ewigen gedechtnis Zu sanct Sophien nennen zu lassen.«

Gründlich wurde die neue Kirche wieder hergerichtet. Sie erhielt einen prachtvollen neuen Hochaltar aus farbigem sächsischem Marmor, der von Giovanni Maria Nosseni geschaffen wurde und glücklicherweise erhalten geblieben ist. 1718 bekam die Sophienkirche eine großartige Orgel aus der Werkstatt von Gottfried Silbermann. Und sie erhielt dazu den passenden Organisten, nämlich Wilhelm Friedemann Bach, den Sohn des großen Johann Sebastian Bach. Auch dieser spielte oft und gern, wenn er in Dresden bei seinem Sohn zu Besuch war, die herrliche Silbermannorgel, die er ganz besonders schätzte. Die Sophienkirche wurde so zu einem Zentrum protestantischer Kirchenmusik in Sachsen. 1737 gab der sächsische Kurfürst Friedrich August II. die alte protestantische Schlosskapelle auf. Somit wurde die Sophienkirche die neue protestantische Hofkirche. Das war insofern interessant, als dass zwar der sächsische Hof protestantisch, der Kurfürst und seine Gemahlin dagegen katholisch waren.

1934 verkleidete man die beiden filigranen Turmspitzen, so dass die Sophienkirche nun schon von Weitem durch die Doppeltürme zu einem Wahrzeichen wurde. Kein Buch über das alte Dresden, in dem nicht der wunderbare Gegensatz zwischen der wuchtigen Kuppel der Frauenkirche, der filigranen Turmgestaltung der katholischen Hofkirche und den markanten Doppeltürmen der Sophienkirche zu sehen und zu genießen war. In der Bombennacht des 13. Februars 1945 erlitt die Sophienkirche große Schäden. Die Silbermannorgel wurde vernichtet, die Gewölbe des Kirchbaus blieben aber erhalten. Die Zerstörung war bei weitem nicht so komplett wie bei der Frauenkirche. Für die Dresdner war die Wiedererrichtung der stadtprägenden Sophienkirche eine Selbstverständlichkeit.

Anfang 1951 beräumte man den Bereich der westlichen und nördlichen Altstadt Dresdens von den restlichen Trümmern. Damit wurde die einstweilen gesicherte Sophienkirche wieder ein Thema. Um von vornherein Absichten zu verhindern, die Kirche abzureißen, erarbeitete das Landesamt für

Denkmalspflege eine Studie, in der darauf hingewiesen wurde, dass das Bauwerk als einzige gotische Kirche für die Kultur und Tradition der Stadt Dresden unverzichtbar sei. Aber die Stimmen der kommunistisch dominierten Stadtverwaltung nach Abriss wurden lauter. Der verdienstvolle Pfarrer Karl-Heinz Scharf formulierte 1956 fast schon prophetisch:

»Es dürfte dann wahrscheinlich nicht lange dauern, und ein weiteres Warenhaus oder Clubhaus stünde an der Stelle der Kirche Speners, Friedemann Bachs und Silbermanns. Das darf niemals geschehen.«

Schließlich mischte sich Walter Ulbricht, der SED-Chef der DDR, in die Diskussion:

»Sie müssen sich daran gewöhnen, dass bei Kulturbauten, die geschaffen werden, die neue Macht demonstriert wird. Es gibt keine Monopole in Bezug auf Türme.«

Und denen, die sich für den Erhalt der Kirche und deren Wiederaufbau einsetzten, drohte er unverhohlen:

»Dann werden wir uns eben mit denen beschäftigen, von denen wir wissen, dass sie Einwände erheben. Das sind diejenigen, die nach dem Westen schielen, die der Meinung sind, dass wir Dresden zu einer Altertumssammlung aufbauen sollten.«

Trotz vieler Proteste von Bürgern und eines geharnischten Briefes des Präsidenten des Landeskirchenamtes Sachsen an den Ministerpräsidenten der DDR, zog sich die Schlinge um die Sophienkirche immer enger. Auch den Kommunisten war klar, dass die Kirche trotz ihrer Schäden zu retten war. Aber gerade weil sie zu retten war, musste sie weg. Dann kam es zu diesem bis heute unvergessenen Besuch Walter Ulbrichts in Dresden, als er das Modell des künftigen Stadtzentrums besichtigte und demonstrativ die Sophienkirche mit eigener Hand aus dem Modell herausnahm. Das Ding musste weg. Schließlich wurde 1962 begonnen, die Kirche gnadenlos abzureißen. Die Dresdner wie auch Kunstfreunde in aller Welt waren geschockt. An der Stelle dieser ehrwürdigen Kirche sollte ein sozialistischer Gaststättenkomplex errichtet werden, den die Dresdner in Hassliebe »Fresswürfel« nennen werden. Beim ersten Baggeraushub für die neue Baugrube stieß man auf Gräber, denn immerhin war die Sophienkirche im 17. Jahrhundert eine Begräbnisstätte gewesen. Aber auch das störte die neuen sozialistischen Bauherren nicht. Zwischen Bauschutt und Erde wurden die Gebeine der Toten ausgebaggert, entsorgt. Staatlich verordneter Vandalismus der DDR.

Als 1967 im Bereich der ehemaligen Sophienkirche Starkstromleitungen verlegt werden mussten, fand man eine Reihe kostbarer Schmuckgegenstände aus dem frühen 17. Jahrhundert. Diese Stücke erhielten einen Platz im Dresdner Stadtmuseum. Allerdings nicht lange, denn unter mysteriösen Umständen verschwanden diese goldenen und mit Edelsteinen besetzten Gegenstände. Am 20. September 1977, während der Öffnungszeiten, wurden sie aus mit Panzerglas gesicherten Vitrinen gestohlen. In Dresden hatte man damit Stadtgespräch für Monate. Bis heute ist nicht geklärt, wer diese historisch wertvollen Stücke gestohlen hat. Seltsam nur, dass einige dieser Schmuckgegenstände in den 80er Jahren in Hamburg und später in Oslo zum freien Verkauf angeboten wurden. Vielfach wurde der Verdacht laut, daß der Diebstahl im Dresdner Stadtmuseum in Wirklichkeit ein staatlich angeordneter Akt zur Devisenbeschaffung der DDR gewesen war.

Dies kann aber aus heutiger Sicht aber nicht mehr bestätigt werden. Ein Teil des geraubten Gutes konnte 2006 nach Dresden zurückgebracht werden.

Die in der Nacht zum 13. Februar 1945 zerstörte Dresdner Sophienkirche.

An die Sophienkirche erinnert in Dresden nicht mehr viel. Die Zeit heilt Wunden. Teile des Geläuts hatte man gesichert. Die beiden Glocken »Fis« und »Ais« haben bis heute ihren Platz in der Emmauskirche zu Dresden-Kaditz. Nach der friedlichen Revolution hat man aber verdienstvollerweise am Standort einige Zeichen gesetzt, die den Gedanken an die brutal abgerissene Kirche wieder aufleben oder wenigsten nicht mehr vergessen lassen. Eine Gedenktafel berichtet über die Historie, einige Stelen weisen auf die Streben der alten Kirche hin und im Pflaster sind die alten Umrisse der Sophienkirche farblich sichtbar gemacht worden.

Und die vorbeiführende Straße heißt Brüdergasse und erinnert an die Minoriten, die hier vor 800 Jahren begonnen hatten, eine Kirche zu bauen, Gottesdienst zu feiern und Gottes Wort zu verkünden.

Quellenverzeichnis

Markus Hunecke, »Die Sophienkirche«, Leipzig 1999.

Matthias Lerm, »Abschied vom alten Dresden«, Leipzig 1993.

Michael Schuncke, »Rachmaninoff in Dresden«, Hamburg 1999.

A. R. Lux/Dieter Prskawetz, »Blasewitz im historischen Elbbogen«, Dresden, 1994.

Interview mit Michael Schuncke, 2009.

Horst Busse/Udo Krause, »Lebenslänglich für den Gestapokommissar«, Berlin 1988.

Thomas Platter, »Lebenserinnerungen«, Basel 1944.

Gabriele Stave, »Nüchtern betrachtet«, Berlin 1996.

Erich Hänel/Eugen Kaltschmidt, »Das alte Dresden«, Frankfurt/M., 1977.

Heide Monjau, »Wilhelmine Reichard – erste deutsche Ballonfahrerin«, Dresden 1998.

Bildnachweis

Klaus Löschner: S. 30.
Heidi Pötzsch: S. 40, 49, 56 und Umschlag.
Bundesarchiv Koblenz: S. 44.
Schuncke-Archiv e.V. Baden-Baden: S. 58, 62.
Deutsche Fotothek, Richard Peter: S. 77.
Alle anderen Bilder entstammen dem Archiv des Autors sowie des Verlages.